AF289412

Somewhere Over The Rainbow

Meine Songs und ich

Somewhere Over The Rainbow

Meine Songs und ich

Niko Papadakis

Vorwort:

Musik ist ein universelles Sprachrohr, das Emotionen, Erinnerungen und Geschichten in einer Weise vermittelt, die kein anderes Medium erreichen kann. Sie begleitet uns in den schönsten Momenten unseres Lebens, tröstet uns in schweren Zeiten und inspiriert uns, neue Wege zu gehen. In diesem Buch habe ich eine Auswahl von 60 Songs zusammengestellt. Diese Liste repräsentiert eine bunte Palette an Klängen und Stilen.
Es ist wichtig zu betonen, dass die Auswahl dieser Songs rein objektiv getroffen wurde. Jeder dieser Songs hat auf seine Weise die Musikwelt geprägt und Generationen von Hörern inspiriert.
Ich lade Sie ein, mit mir auf eine musikalische Reise zu gehen. Lassen Sie sich von den Klängen mitreißen und entdecken Sie die Geschichten hinter den Songs. Möge dieses Buch Ihnen neue Perspektiven eröffnen und Sie dazu anregen, Ihre eigene musikalische Entdeckungsreise fortzusetzen.
Viel Freude beim Lesen und Hören!

Bild auf dem Cover auf Basis von Image Creator.
Lektorat: Helga Papadakis

© 2025 Niko Papadakis
Verlag: BoD · Books on Demand GmbH, Überseering 33, 22297 Hamburg, bod@bod.de
Druck: Libri Plureos GmbH, Friedensallee 273, 22763 Hamburg.
ISBN: 978-3-8192-4517-6
Bibliografische Information der Deutschen Nationalbibliothek
Die Deutsche Nationalbibliothek verzeichnet diese Publikation in der Deutschen Nationalbibliografie; detaillierte bibliografische Daten sind im Internet über http://dnb.d-nb.de abrufbar

Inhalt:

Crazy Little Thing

Käpt'n Einauge war zu Gast bei seiner Tante Inge, einer bodenständigen schwäbischen Hausfrau, die großen Wert auf Ordnung und Sauberkeit legte. Käpt'n Einauge hatte sich schon lange auf den Besuch gefreut – die frische Luft, das gute Essen und die Gemütlichkeit bei seiner Tante, die stets für eine Überraschung gut war. Doch als er an diesem Nachmittag ankam, merkte er schnell, dass sein Aufenthalt nicht nur aus gemütlichen Gesprächen und leckerem Kuchen bestehen würde.

„Käpt'n Einauge", sagte Tante Inge mit einem Blick, der keinen Widerspruch duldete, „du hast doch sicher nichts gegen ein bisschen Arbeit, oder?"

Käpt'n Einauge, der gerade erst seinen Mantel ausgezogen hatte, schaute sie verwirrt an. „Arbeit? Was meinst du?"

„Die Kehrwoche!", sagte Inge, als ob es sich um das Normalste der Welt handelte. „Heute ist der Tag, an dem der Gehweg vor dem Haus gekehrt werden muss. Und da du ja nun mal da bist, darfst du das übernehmen!"

Käpt'n Einauge, der in seiner Wohnung in der Stadt kaum das Staubsaugen als „echte Arbeit" verstand, stand vor einer Herausforderung, von der er nie zuvor gehört hatte. Die „Kehrwoche" war nicht einfach ein schnelles Abfegen – nein, es war eine Institution in Schwaben. Alles musste perfekt sauber sein, jeder Kieselstein, jeder Riss im Asphalt. Käpt'n Einauge nahm den Besen in die Hand, ohne zu wissen, wie er überhaupt anfangen sollte.

„Also gut...", murmelte er, während er den Besen schüttelte, „ich werde es einfach tun, auch wenn ich damit nicht fertig werde."

Er begann, vorsichtig den kleinen Bürgersteig vor dem Haus zu kehren. Die Sonne war gerade untergegangen, und die Straßenlaternen warfen ihr warmes Licht auf den Gehweg. Käpt'n Einauge schob den Besen hin und her, aber es wollte einfach nicht vorwärtsgehen. Der Weg schien immer wieder von

9

vorne zu beginnen, als ob der Staub immer mehr werden würde, je mehr er kehrte.

„Ich werde damit einfach nicht fertig...", murmelte er immer wieder vor sich hin. Das Geräusch des Besens auf dem Asphalt schien eine Art Rhythmus zu erzeugen, und plötzlich begann Käpt'n Einauge, im Takt zu summen.

„Ich werde damit einfach nicht fertig, immer wieder dasselbe, es macht mich verrückt...", summte er und fühlte sich fast wie in einem tranceartigen Zustand. Der Rhythmus begleitete ihn durch die Aufgabe, und mit jedem Schritt spürte er, wie sich eine Melodie in seinem Kopf festsetzte. Der Staub, der Besen – es war alles so seltsam, aber gleichzeitig so faszinierend.

Gerade als Käpt'n Einauge wieder in die Drehung kam und mit einem Seufzer weitermachte, hörte er plötzlich Schritte hinter sich. Er drehte sich um und sah den Bürgermeister der Gemeinde, Herrn Müller, der in einem eleganten Anzug auf ihn zukam. Der Bürgermeister nickte Käpt'n Einauge freundlich zu, als er den Besen sah.

„Ah, Käpt'n Einauge! Ich gratuliere!", sagte der Bürgermeister mit einem breiten Lächeln. „Du nimmst die Kehrwoche wirklich ernst. Es ist eine wichtige Tradition hier in Schwaben, und du machst das richtig gut!"

Käpt'n Einauge starrte ihn an, völlig verwirrt. „Äh, danke", sagte er schließlich und seufzte tief. „Aber ich werde damit einfach nicht fertig. Es geht einfach nicht vorwärts!"

Der Bürgermeister lachte herzlich. „Das ist der Geist! Die Kehrwoche verlangt Geduld und den Willen, nie aufzugeben – genau das macht uns stark. Weiter so, Käpt'n Einauge!"

Käpt'n Einauge stand da, unsicher, aber zugleich beeindruckt. Der Bürgermeister, so stolz auf diese traditionelle Aufgabe, lobte ihn. Doch Käpt'n Einauge konnte nicht anders, als wieder zu summen: „Ich werde damit einfach nicht fertig..."

Und so, fast wie von selbst, formte sich aus diesen Worten und dem Rhythmus des Besens eine Melodie. Es war ein einfaches, fast kindliches Lied, das ihn nicht mehr losließ. Die Worte, die immer wieder in seinem Kopf auftauchten, begannen mehr und mehr wie ein Song zu klingen, der sich in seinen Gedanken wiederholte.

„Crazy little thing...", summte Käpt'n Einauge schließlich, als er den Besen aus einer weiteren Ecke schwang. Die Worte flossen, als ob sie nie eine andere Melodie gehabt hätten.

„... I just can't handle it."

Der Bürgermeister nickte ihm noch einmal zu, bevor er sich umdrehte und davon ging, ohne zu wissen, dass er gerade Zeuge eines zukünftigen Welthits geworden war. Käpt'n Einauge, immer noch mit dem Besen in der Hand, drehte sich ein weiteres Mal im Kreis und summte das Lied weiter. Er hatte es endlich – das verrückte kleine Ding, das ihm während der Kehrwoche in den Kopf gekommen war.

Er würde es später aufschreiben. Wer wusste schon, dass die Kehrwoche eines Tages zu einem musikalischen Meisterwerk führen würde?

Ein paar Monate später war Käpt'n Einauge auf einmal berühmt, als das Lied „Crazy Little Thing" die Welt eroberte. Es war ein Hit, der nicht nur durch seine eingängige Melodie glänzte, sondern auch durch die Geschichte eines Mannes, der mit einem Besen kämpfte, der nie fertig wurde.

Und in einer kleinen schwäbischen Stadt, in einem unscheinbaren Haus, konnte Tante Inge immer noch über Käpt'n Einauge's „Kehrwoche" lachen – und wie sie nicht nur den Gehweg, sondern auch die Musikgeschichte verändert hatte.

11

 **Crazy Little Thing Called Love**
Song von Freddie Mercury

Diese Angelegenheit, die man Liebe nennt,
macht mir zu schaffen.
Ich muss lernen, damit umzugehen,
denn ich bin noch nicht bereit
für diese verrückte kleine Sache.
Diese Angelegenheit, die man Liebe nennt,
weint nachts in ihrer Wiege.
Sie schaukelt und strömt über,
wie eine Qualle.
Irgendwie finde ich sie faszinierend,
diese verrückte kleine Sache.
Da kommt meine Kleine,
sie tanzt großartig Rock'n'Roll.
Sie bringt mich aus der Fassung,
mal spüre die Hitze, das Frösteln.
Am Ende lässt sie mich in kaltem Schweiß zurück.
Ich muss gelassen bleiben,
mich entspannen,
und am Puls der Zeit bleiben.
Ich muss gelassen bleiben,
Manchmal muss ich mich zurückhalten
oder per Anhalter reisen
und eine lange Fahrt mit dem Motorrad machen,
bis ich bereit bin.
Diese Angelegenheit, die man Liebe nennt,
macht mir zu schaffen.
Ich muss lernen, damit umzugehen,
denn ich bin noch nicht bereit
für diese verrückte kleine Sache.

(Everything I Do) I Do It for You

Käpt'n Einauge saß an einem Tisch, umringt von fröhlichen Gästen, als der Prinz zu ihm trat. Die Feier war in vollem Gange, und das Lachen sowie die Musik erfüllten den Raum. Käpt'n Einauge hatte gerade mit Clint Eastwood über ein neues Drehbuch gesprochen, das sie gemeinsam entwickeln wollten, als der Prinz seine Aufmerksamkeit auf sich zog. Prinz Fatafehi 'Alaivahamama'o Tuku'aho war der zweitälteste Sohn von König Tupou VI und von der Thronfolge ausgeschlossen, da er eine Bürgerliche geheiratet hatte.
„Warum hast du auf den Thron verzichtet, Fatafehi?" fragte Käpt'n Einauge neugierig, während er seinen Stift bereithielt, um seine Gedanken festzuhalten.
Der Prinz lächelte sanft und deutete auf seine Frau, die in der Nähe mit anderen Gästen plauderte.
„Everything I Do, I Do It for You", sagte er mit einem Hauch von Melancholie in der Stimme. „Die Liebe ist stärker als jeder Titel oder jede Macht."
Käpt'n Einauge war von der Aufrichtigkeit des Prinzen beeindruckt. In diesem Moment wurde ihm bewusst, dass wahre Größe nicht immer mit einem Thron oder einem königlichen Titel verbunden ist. Sie besteht darin, für die Menschen zu kämpfen, die man liebt, und bereit zu sein, persönliche Opfer zu bringen.
Er griff nach seinem Stift und begann, seine Gedanken niederzuschreiben. Die Worte strömten aus seinem Herzen:

Look into my eyes
And you will see, what you mean to me
Search your heart, search your soul

Käpt'n Einauge sah auf und bemerkte, dass Clint Eastwood aufmerksam zuhörte. Der Schauspieler nickte zustimmend, als ob er die Stärke der Worte spürte. „Das ist es, was das Leben ausmacht", sagte Clint. „Die Geschichten, die wir erzählen, sind oft die, die wir selbst leben."

13

Der Prinz lächelte und ergänzte: „Jeder kann einen Thron besteigen, aber nur wenige haben den Mut, ihre Herzen zu öffnen. Ich habe meine Wahl getroffen, und ich bereue nichts."

Die Feier ging weiter und Käpt'n Einauge fühlte sich inspiriert. Er wusste, dass er diesen Moment in sein Drehbuch einfließen lassen wollte. Es ging nicht nur um Ruhm und Macht, sondern um die tiefen menschlichen Verbindungen, die das Leben erst lebenswert machen.

Als die Nacht voranschritt und die Lichter im Garten in der Dunkelheit funkelten, wurde Käpt'n Einauge klar, dass er nicht nur einen Prinzen, sondern auch einen Freund gefunden hatte. Während er weiterschrieb, wusste er, dass die Geschichte, die er erzählte, eine von Liebe und Mut sein würde – eine Geschichte, die die Menschen berühren würde, ganz gleich, ob sie in einem Königreich lebten oder in der einfachen Welt der Bürger.

 **(Everything I Do) I Do It for You**
Song von Michael Kamen, Robert Lange, Bryan Adams

Sieh mir in die Augen und du wirst sehen, wie wichtig du mir bist. Schau in dein Herz und deine Seele, und wenn du mich dort findest, wirst du nicht mehr weitersuchen müssen. Sag mir nicht, es sei nicht wert, es zu versuchen, und sprich nicht davon, dass es sich nicht lohnen würde, dafür zu kämpfen. Du weißt, es ist wahr: Alles, was ich tue, mache ich für dich.

Blicke in dein Herz, dort gibt es nichts zu verbergen. Nimm mich so, wie ich bin, und akzeptiere mein Leben. Ich würde alles aufgeben und Opfer bringen. Wenn du mir sagst, es sei nicht wert, dafür zu kämpfen, kann ich nichts daran ändern, denn es gibt nichts, was ich mir mehr wünsche. Du weißt, es ist wahr: Deine Liebe ist einzigartig, und keine andere könnte mir mehr geben.

Es gibt keinen Ort, an dem ich sein möchte, außer dort, wo du bist, immer und überall. Schau in dein Herz, Liebes, und sag mir nicht, dass es sich nicht lohnt, es zu versuchen. Ich kann nichts daran ändern, denn mehr als das wünsche ich mir nicht. Ja, ich würde für dich kämpfen, ich würde für dich lügen, und ich würde alles für dich riskieren. Du weißt, dass es wahr ist: Alles, was ich tue, tue ich für dich.

I got you, babe...

Es war eine ruhige Nacht im Palast des Königs von Honolulu. Der Himmel war klar, der Mond leuchtete über den tropischen Gärten, und die Wände des Palastes schimmerten im sanften Licht der Sterne. Käpt'n Einauge, der jüngste Berater des Königs, hatte sich nach einem langen Abend voller höfischer Gespräche in das königliche Gästezimmer zurückgezogen. Diese prächtige Suite überwältigte ihn und ließ ihn sich geehrt fühlen.

Warme Winde wehten durch das offene Fenster, und die Geräusche der tropischen Nacht waren beruhigend. Käpt'n Einauge war erschöpft und legte sich auf das weiche Bett. Plötzlich überkam ihn jedoch das dringende Bedürfnis, auf die Toilette zu gehen. Er sprang auf, drehte sich um und suchte nach dem Bad. Zu seiner Überraschung entdeckte er jedoch keine Toilette. In all der Pracht des Palastes war ihm nicht aufgefallen, dass der Raum keine modernen Annehmlichkeiten hatte, die er aus seiner Heimat kannte. Verwirrt wanderte er durch den Raum, öffnete Türen, fand jedoch nur weitere leere Zimmer und große Hallen. Auch in den Schranktüren, die er öffnete, befanden sich nur elegante Roben, aber keine sanitären Einrichtungen.

In seiner Verwirrung und leichten Panik setzte Käpt'n Einauge seine Suche fort. Seine Schritte hallten durch die stillen Gänge, und um sich zu beruhigen, begann er eine Melodie zu summen, die ihm ohne besonderen Grund durch den Kopf ging: „I got you, babe...", murmelte er leise.

Die Melodie wurde zu einem Ohrwurm, der sich später in die Musikgeschichte einprägen würde, ohne dass Käpt'n Einauge es ahnte. Doch momentan war sein einziges Anliegen, eine Toilette zu finden, und seine Verzweiflung wuchs. Trotz seiner Suche fand er kein Badezimmer.

Nach einer schier endlosen Zeitspanne hörte er plötzlich Schritte. Eine Gestalt trat aus dem Schatten – der König von Honolulu schritt in seinem prächtigen

16

Gewand durch die Halle, als wäre es ganz normal, nachts umherzulaufen.

„Käpt'n Einauge", sagte der König lächelnd, als er ihn bemerkte. „Was machst du hier in der Nacht?"

„Eure Majestät", stotterte Käpt'n Einauge, „ich... ich... ich finde keine Toilette."

Der König sah ihn verständnisvoll an. „Ah, du suchst die Toilette? Du bist nicht der Erste, der sich hier verirrt. In diesem Palast gibt es keine modernen Annehmlichkeiten wie in deiner Heimat. Komm, ich habe eine Lösung für dich."

Käpt'n Einauge war verwirrt, als der König ihn durch einige Gänge führte und schließlich in einen einfachen, eleganten Raum brachte. In der Ecke stand ein altmodischer, silberner Nachttopf.

„Hier", sagte der König und deutete auf das Gefäß. „Das ist die beste Lösung für nächtliche Erleichterung im Palast. Benutze es nach Bedarf. Mach dir keine Sorgen, Käpt'n Einauge, jeder hat sich an diese Tradition gewöhnt."

Obwohl er sich leicht unbehaglich fühlte, nickte Käpt'n Einauge dankbar und nahm den Nachttopf entgegen. Es war nicht das, was er erwartet hatte, aber in diesem Moment war es die einzige Lösung.

„Danke, Majestät", sagte er verlegen.

Der König nickte. „Kein Problem, Käpt'n Einauge. Lass dich von den modernen Gewohnheiten nicht beunruhigen. Manchmal gibt es einfache Lösungen, auch wenn sie altmodisch erscheinen."

Später, als Käpt'n Einauge wieder im Bett lag und in den Schlaf driftete, summte er erneut die Melodie, die ihm in den Sinn gekommen war: „I got you, babe...".

Vielleicht war es an der Zeit, ein neues Lied zu komponieren, das der Welt gefallen würde. Doch im Moment war er einfach nur froh, die richtige „Einrichtung" für seine nächtlichen Bedürfnisse gefunden zu haben.

Jahre später, als das Lied „I Got You Babe" zu einem Welthit wurde und Käpt'n Einauge sich wunderte, warum diese Melodie plötzlich populär war, dachte er noch oft an den König von Honolulu und den silbernen Nachttopf. Wer hätte gedacht, dass eine so unscheinbare Nacht im Palast eines Königs zu einem musikalischen Meisterwerk führen würde?

 **I Got You Babe**

Song von Sonny Bono

Man sagt, wir seien jung und unerfahren.
Wir würden erst als Erwachsene verstehen,
was das wirklich bedeutet.
Ich bin mir jedoch nicht sicher, ob das stimmt,
denn ich habe dich, und du bist alles für mich.
Du bist immer an meiner Seite
Es wird behauptet, unsere Liebe sei nicht genug,
um die Miete zu bezahlen,
und wir geben unser Geld oft aus,
bevor wir es verdienen.
Das mag stimmen; wir haben keinen Plan,
aber ich bin mir der vielen positiven Dinge,
die wir teilen, gewiss.
Ich freue mich auf den Frühling mit dir
und darauf, dass du meinen Ring trägst.
Wenn ich traurig bin, schaffst du es, mich zum Lachen
zu bringen, und in meinen Ängsten bist du immer für
mich da. Lass sie sagen, dein Haar sei zu lang;
das stört mich nicht, denn mit dir fühle ich mich
vollkommen.
Es gibt keinen Hügel oder Berg,
den wir nicht gemeinsam überwinden können.
Ich habe dich, damit du meine Hand hältst.
Ich habe dich, um zuzuhören und zu verstehen.
Mit dir gehe ich spazieren,
und du redest mit mir.
Du gibst mir einen Gute-Nacht-Kuss
und hältst mich fest in deinen Armen.
Ich halte dich fest und lasse dich nicht los,
denn ich habe dich, und du liebst mich so, wie ich bin.
Du bist alles für mich.

Ich bin nicht anders

Käpt'n Einauge war Anfang 20, als er die bezaubernde Elena traf. Er hatte sich Hals über Kopf in sie verliebt, und die Zeit, die sie miteinander verbrachten, war einfach magisch – voller Lachen und großer Träume. Elena war total interessiert an ihm, fand seine Geschichten und die Leidenschaft für Musik super spannend. Die Nächte verbrachten sie oft unter dem Sternenhimmel und sprachen über alles Mögliche: ihre Träume und die Zukunft.

Doch dann kam der Tag, an dem alles anders wurde. Elena begann, an ihnen zu zweifeln. Sie hatte geglaubt, Käpt'n Einauge sei der reiche Erbe eines Oligarchen, aber als sie herausfand, dass er aus einer einfachen Familie stammt und noch an seinen Träumen arbeiten musste, war es vorbei mit der rosaroten Brille. Die schönen Vorstellungen, die sie im Kopf hatte, zerbrachen, und sie entschloss sich, von ihm zu trennen.

Für Käpt'n Einauge war das ein harter Schlag. Die Nachricht traf ihn wie ein Blitz. Er konnte nicht fassen, dass seine Liebe für sie nicht genug war. In seiner Trauer setzte er sich ans Klavier und begann, seine Gefühle in Musik zu verwandeln. So entstand das Lied „Ich bin nicht anders", in dem er seinen Schmerz und seine Verletzung ausdrückte.

In diesem Lied sprach er von unerfüllter Liebe, von der Hoffnung, die in ihm brannte, und von der Trauer, die ihn jetzt begleitete. Die Melodie war traurig, aber auch kraftvoll – ein Zeichen seiner Entschlossenheit, trotz allem weiterzumachen. Das Lied wurde ein wichtiger Teil von ihm, und auch wenn es von einem gebrochenen Herzen handelte, half es ihm, seinen Schmerz in etwas Schönes zu verwandeln.

Käpt'n Einauge wusste tief in seinem Herzen, dass er eines Tages wieder lieben würde. Aber im Moment war er immer noch gefangen in den Erinnerungen an Elena und in der Melodie, die seine Seele widerspiegelte.

 Δεν είμαι άλλος
Ich bin nicht anders
Lied von Thanos Mikroutsikos und Manos Elefteriu

Hinter den Klängen der Musik bist du wie ein
wahrhaftiger argentinischer Tango.
Selbst in deinen Träumen
suchst du nicht mehr nach mir,
so wie du es früher
mit einer bezaubernden Melodie getan hast.
In der Welt, die du ablehnst, bleibe ich unverändert,
während ich in die Welt, die dir wichtig ist,
einfach nicht hinein passe.
Einige Menschen glauben, ich sei schon zu alt und
dass aus einem Spatzen
niemals ein Adler werden kann.
In den ruhigen Cafés fällt der Schnee, und ich
bedaure die Einsamkeit eines vergessenen Kusses.
Unsere Liebe fühlt sich an wie ein altes Kleid,
und ihr Klang erinnert an eine zerbrochene Waffe.
In der Welt, die du ablehnst, bleibe ich konstant,
doch in der Welt, die du wertschätzt,
bin ich nicht der Richtige.
Einige Menschen meinen, ich sei schon zu alt und
dass aus einem Spatzen
niemals ein Adler werden kann.

I Just Called to Say I Love You

Käpt'n Einauge saß in der Bar, umzingelt von neugierigen Gesichtern, die nur darauf brannten, seine unglaubliche Geschichte zu hören. Der Raum war voll von Gelächter und Gesprächen, aber als er loslegte, wurde es mucksmäuschenstill. „Ich war ein schokoladenüberzogenes Bonbon", wiederholte er, und alle schauten ihn mit großen Augen an. „Hä? Was soll das heißen?" fragte ein breit grinsender Typ. „Wie kann man denn ein Bonbon sein?" Käpt'n Einauge grinste geheimnisvoll. „Das ist eine Metapher. Ich habe so viele verrückte Abenteuer hinter mir, dass ich mich manchmal wirklich wie ein Bonbon fühlte – süß und verlockend, aber gleichzeitig in einer Welt voller Herausforderungen gefangen." Die Leute um ihn herum nickten interessiert, und Käpt'n Einauge legte los mit seinen Erzählungen. Er berichtete davon, wie ihn ein riesiger Walfisch verschluckte und er im Dunkeln seines Mauls die Ruhe suchte. „Es war ziemlich eng und düster, aber ich stellte mir vor, wie ich entspannt am Strand liege. Schließlich hat der Walfisch mich wieder ausgespuckt – und da war ich wieder frei!" Die Zuhörer waren total gebannt. „Und was dann? Was kam danach?" fragte eine Frau mit leuchtenden Augen. „Ich machte mich auf in die Berge", erzählte Käpt'n Einauge weiter. „Ich wanderte durch Dörfer und Städte, traf Räuber Hotzenplotz, der mir einen Witz erzählen wollte, und die Bremer Stadtmusikanten, die für mich ein Lied sangen. Ich erlebte jede Menge Überraschungen und unvorhergesehene Begegnungen." Die Leute in der Bar hingen an seinen Lippen, während er von seinen Abenteuern berichtete. Käpt'n Einauge erzählte, wie er in jedem Dorf neue Freunde fand und wie jede Begegnung ihn inspiriert hat. „Und schließlich bin ich hier gelandet, um meine Geschichten mit euch zu teilen."

Während er sprach, kam ihm die Idee für ein Lied.
„Ich war ein schokoladenüberzogenes Bonbon",
wiederholte er und spürte, wie die Worte lebendig
wurden. „Ich wollte süß sein, aber das Leben hat mich
hart geprüft. Jede Herausforderung hat mich geformt
und mir gezeigt, dass wahre Schönheit oft in den
unerwarteten Momenten liegt."
Die Menschen in der Bar applaudierten, und Käpt'n
Einauge fühlte sich bestärkt. Er schnappte sich Stift
und Papier und begann, seine Gedanken
aufzuschreiben. Die Melodie des Songs sprudelte in
seinem Kopf, und die Worte flogen nur so aus ihm
heraus.

No New Year's Day to celebrate
No chocolate covered candy hearts to give away
No first of spring, no song to sing

Die Menschen um ihn herum stimmten ein, und die
Bar füllte sich mit einem Gefühl von Gemeinschaft.
Käpt'n Einauge wusste, dass er nicht nur eine
Geschichte erzählt hatte, sondern eine Verbindung
geschaffen hatte – eine, die alle daran erinnerte, dass
das Leben voller Abenteuer steckt und man selbst in
schweren Zeiten die süßen Seiten des Lebens finden
kann.
Als der Abend weiterging und die Lichter der Bar zu
funkeln begannen, war Käpt'n Einauge glücklich. Er
hatte nicht nur seine Geschichten erzählt, sondern
auch ein Stück seiner Seele mit der Welt geteilt. So
wurde das Lied über das schokoladenüberzogene
Bonbon ein Symbol für Hoffnung und die Schönheit
des Lebens – eine Melodie, die die Herzen der
Menschen berührte und sie dazu ermutigte, ihre
eigenen Abenteuer zu erleben.

 **I Just Called to Say I Love You**
Song von Stevie Wonder

Kein Neujahrstag, den wir feiern können,
Keine schokoladenüberzogenen Herzen,
die wir verschenken. Kein Frühling, der beginnt,
Kein Lied, das ich anstimmen kann.
Es ist einfach ein gewöhnlicher Tag.
Kein Aprilregen, keine Blumen, die blühen,
Kein Hochzeitsfest im Juni.
Doch es gibt etwas Echtes,
Bestehend aus diesen drei Worten,
die ich dir sagen möchte:
Ich habe nur angerufen, um zu sagen: Ich liebe dich.
Ich habe nur angerufen, um dir zu zeigen,
wie sehr ich mich sorge.
Ich habe nur angerufen, um zu sagen: Ich liebe dich,
Und das meine ich ganz aufrichtig.
Kein Sommerhoch, kein warmer Juli,
Kein Herbstmond, der laue Augustnächte erhellt,
Kein Herbstwind, keine fallenden Blätter.
Nicht einmal die Zeit für die Vögel,
um in den Süden zu fliegen.
Keine Sonne im Sternzeichen Waage,
Kein Halloween,
Kein Dank für die Weihnachtsfreude, die du bringst.
Aber was es ist, ist so alt und doch neu,
Es erfüllt dein Herz auf eine Weise,
die keine anderen Worte vermögen.
Kein Neujahrstag, den wir feiern können,
Aus nur diesen drei Worten, die ich dir sagen möchte:
Ich habe nur angerufen, um zu sagen: Ich liebe dich.

I Will Always love you

Käpt'n Einauge stand in seinem kleinen Wohnzimmer in Berlin, umgeben von Kartons und Kisten. Heute war der Tag seines Umzugs, und erfreut war er darüber ganz sicher nicht. Der Stress des Packens und die Hektik der letzten Wochen hatten ihn ermüdet. Doch es gab kein Zurück. Er musste aus seiner alten Wohnung ausziehen und dringend Hilfe holen.
„Niko!" rief er, während er den Kopf aus dem Schlafzimmer steckte, wo er versuchte, einige Gegenstände zu stopfen. „Bist du bald fertig?"
Niko, sein bester Freund seit der Schulzeit, saß faul auf dem Sofa und scrollte gelangweilt auf seinem Handy. „Mhm", murmelte er, ohne aufzusehen. „Gleich."
Käpten Einauge seufzte. „Gleich? Das sagst du schon seit einer Stunde!"
Niko seufzte ebenfalls und legte schließlich sein Handy zur Seite. „Du weißt, wie es bei Umzügen ist, Käpt'n. Das ist einfach nicht mein Ding. Du willst die Kisten schleppen, und es ist alles viel Arbeit und... na ja, ich habe heute noch andere Pläne."
Käpt'n Einauge sah ihn genervt an. Er konnte Niko's fehlende Motivation zwar schätzen, aber heute war es zu viel. „Was meinst du mit ‚andere Pläne'? Du weißt, dass ich auf deine Hilfe angewiesen bin!"
Niko stand schließlich auf, dehnte sich und bewegte sich zur Tür. „Hör mal, ich will dir nicht im Weg stehen. Wenn ich hierbleibe, würde ich nur stören."
Käpt'n Einauge war verwirrt. „Wie bitte?"
Niko lehnte sich an den Türrahmen und zog seine Jacke an. „Du kennst mich doch. Wenn ich bleibe und dir helfe, mache ich das nur halbherzig. Ich bin einfach nicht in der richtigen Stimmung. Darum dachte ich, es wäre besser, wenn ich gehe, bevor ich dir noch zusätzlichen Stress bereite."

Käpt'n Einauge schaute ihn länger an. Es war nicht die Antwort, die er sich erhofft hatte, aber irgendwo verstand er Niko. Er wusste, dass er nie wirklich Verantwortung übernahm, aber auch, wie er sich geschickt aus jeder Situation herauswand. Heute war der Umzug jedoch wichtig für ihn, und er benötigte Unterstützung.

„Komm schon, Niko", sagte er dann mit einem resignierten Lächeln. „Du musst nicht so tun, als wärst du der Umzugsexperte. Ein bisschen schleppen hätte schon geholfen."

Niko grinste, schnappte sich seinen Rucksack und machte sich auf den Weg zur Tür. „Du hast ja eh schon alles, was du brauchst – meine tollen Ratschläge, oder?"

„Ja, genau", erwiderte Käpt'n Einauge und rollte mit den Augen. „Trotzdem danke für den moralischen Rückhalt."

Niko winkte ihm zum Abschied. „Viel Spaß beim Kistenschleppen! Du schaffst das schon!"

Als die Tür hinter Niko ins Schloss fiel, blieb Käpt'n Einauge allein im Raum zurück. Er wusste, dass er den Umzug alleine stemmen musste, aber er konnte nicht anders, als schmunzeln. Niko war eben Niko – auch wenn er nicht immer helfen wollte, war er auf seine eigene Weise immer für ihn da. Und vielleicht war das bereits genug.

Mit einem tiefen Atemzug packte Käpt'n Einauge weiter, entschlossen, den Umzug zu meistern. Die Kisten voller Erinnerungen und Geschichten, die in den letzten Jahren entstanden waren. Er erinnerte sich an die fröhlichen Abende mit seiner Crew, das Lachen und die Abenteuer, die sie zusammen erlebt hatten. Der Titel: I Will Always Love You, hallte in seinen Gedanken wider, während die Melodie ihn daran erinnerte, dass Liebe und Erinnerungen die stärkste Verbindung zu seiner Vergangenheit waren, egal wohin der Wind ihn jetzt tragen würde.

26

 **I Will Always love you**
Song von: Mac Davis, Michael Miller

Ich liebe dich auch. Du kennst mich gut und weißt, wie emotional ich bin. Vielleicht kann ich heute Abend nicht genau ausdrücken, was ich fühle, also werde ich es für dich in einem Lied vermitteln.

Wenn ich hierbleiben würde, würde ich dir nur im Weg stehen. Deshalb werde ich gehen, obwohl ich weiß, dass ich bei jedem Schritt an dich denken werde. Ich werde dich immer lieben, für immer.

Du bist meine liebe, bittersüße Erinnerung, die ich mitnehmen kann. Bitte verabschiede dich ohne Tränen. Wir wissen beide, dass ich nicht das bin, was du wirklich brauchst. Ich werde dich immer lieben.

Ich hoffe, das Leben bringt dir Gutes und dass du all deine Träume verwirklichen kannst. Ich wünsche dir Freude, Glück und vor allem Liebe. Und ich werde dich immer lieben, das verspreche ich dir. Ich werde dich immer lieben.

In Frieden, ich liebe dich. Gott segne dich und danke dir von Herzen.

Love Me Tender

Im Buch „Love Me Tender" erzählt Käpt'n Einauge die bewegende Geschichte der Gelbscheitelpinguine und ihrer außergewöhnlichen Treue. Das Buch beginnt mit einer eindrucksvollen Schilderung der Antarktis, in der die eisige Landschaft und die unberührte Natur die Kulisse für die romantischen Abenteuer der Pinguine bilden. Käpt'n Einauge beschreibt, wie die Pinguine nach dem Überstehen der harten Wintermonate zu ihren Geburtsorten zurückkehren, um ihre Partner zu finden und eine Familie zu gründen.

Käpt'n Einauge nimmt die Leser mit auf eine Reise in die Welt der Gelbscheitelpinguine, in der er die verschiedenen Phasen ihres Lebenszyklus darstellt – von der Partnersuche über die Brutpflege bis zur Aufzucht der Küken. Er schildert die Rituale, die die Pinguine aufführen, um ihre Partner zu gewinnen, und die tiefen Bindungen, die im Laufe der Jahre entstehen. Jedes Kapitel ist mit wunderschönen Illustrationen der Pinguine und der atemberaubenden Antarktis-Landschaft versehen, die die Leser in diese gefrorene Welt eintauchen lassen.

Ein zentrales Thema des Buches ist die Loyalität und Hingabe der Pinguine. Käpt'n Einauge erklärt, dass diese Tiere nicht nur romantische Partner sind, sondern sich auch gegenseitig bei der Aufzucht ihrer Nachkommen unterstützen. Sie wechseln sich beim Brüten ab und sorgen dafür, dass das Ei warm bleibt, während der andere auf Nahrungssuche geht.

Diese Zusammenarbeit und das Vertrauen, das sie füreinander haben, veranschaulichen die tiefen emotionalen Bindungen in der Tierwelt.

Durch die Geschichten der Gelbscheitelpinguine möchte Käpt'n Einauge eine Botschaft über die Wichtigkeit von Liebe und Loyalität vermitteln. Er zieht Parallelen zwischen den Beziehungen in der Tierwelt und den zwischenmenschlichen Beziehungen. „Love Me Tender" ermutigt die Leser, die Bedeutung von Treue und Hingabe in ihren eigenen Beziehungen zu erkennen und wertzuschätzen.

28

Das Buch wurde nicht nur wegen seiner poetischen Sprache und der beeindruckenden Illustrationen gelobt, sondern auch für die tiefe Botschaft, die es enthält. Es ist ein Appell, die Liebe zu feiern und die Bindungen zu würdigen, die uns als Menschen verbinden, während wir uns gleichzeitig von der Schönheit und Romantik der Natur inspirieren lassen. „Love Me Tender" wurde in 58 Sprachen übersetzt und erreichte Leser weltweit. Käpt'n Einauge wurde für seine Fähigkeit, die Herzen der Menschen zu berühren, gefeiert, und das Buch avancierte zu einem Bestseller. Es inspirierte viele dazu, über ihre eigenen Beziehungen nachzudenken und die kleinen, aber bedeutenden Dinge zu schätzen, die die Liebe lebendig halten.
Bei der Verfilmung komponierte der Käpt'n den Titelsong selbst:

Love Me Tender
Song von: Elvis Aaron Presley, Vera Matson

Liebe mich sanft, liebe mich süß,
lass mich niemals los.
Du hast mein Leben bereichert,
und meine Liebe zu dir ist unendlich.
Liebe mich zärtlich, liebe mich ehrlich,
bring all meine Träume zum Erblühen,
denn mein Schatz, ich liebe dich,
und das wird für immer so bleiben.

Liebe mich zärtlich, liebe mich lange,
nimm mich in dein Herz,
denn dort ist der Ort, wo ich hingehöre,
und wir werden nie getrennt sein.
Liebe mich zärtlich, liebe mich ehrlich,
bring all meine Träume zum Erblühen,
denn mein Schatz, ich liebe dich,
und das wird für immer so bleiben.

Liebe mich sanft, liebe mich, meine Geliebte,
sag mir, dass du zu mir gehörst.
Ich werde dir bis ans Ende meiner Tage gehören,
bis zur letzten Stunde.

Liebe mich zärtlich, liebe mich ehrlich,
bring all meine Träume zum Erblühen,
denn mein Schatz, ich liebe dich,
und das wird für immer so bleiben.

Marmor, Stein und Eisen bricht

Käpt'n Einauge war der Inbegriff eines tapferen Abenteurers. Seine Heldentaten waren in den Kneipen der Stadt weit verbreitet, und die Alten erzählten voller Stolz von seinen Mutproben, während die Jüngeren gebannt lauschten. Es gab kaum einen Ort, den er nicht bereist hatte, und kaum einen Feind, dem er sich nicht gestellt hätte. Das Wichtigste jedoch war, dass Käpt'n Einauge niemals Angst verspürte. Weder vor den heftigsten Stürmen noch vor den gefährlichsten Gegnern hatte er jemals Furcht. Nichts und niemand konnte ihn erschüttern.

Doch das sollte sich ändern.

Eines Tages schlenderte Käpt'n Einauge wie gewohnt am Hafen entlang, als plötzlich etwas Unerwartetes geschah. Der Wind wehte sanft und brachte den Duft von Salz und frischem Fisch mit, während die Schiffe sanft in den Wellen schaukelten. In Gedanken versunken, bemerkte er aus dem Augenwinkel eine Bewegung.

Als er sich umdrehte, stand sie vor ihm: Dulcinea, die schönste Frau, die er je gesehen hatte.

In diesem Augenblick schien der Wind stillzustehen, die Wellen wurden leiser, und die Welt um ihn herum verschwamm. Sie befand sich auf einem kleinen Balkon eines prachtvollen Hauses, das ihrem Vater gehörte, einem der reichsten Kaufleute der Stadt. Ihr Haar funkelte im Sonnenlicht, und ihr Lächeln war so strahlend, dass es alles andere in den Schatten stellte.

Käpt'n Einauge, der in seinem Leben noch nie eine Frau getroffen hatte, die ihn so berührte, spürte plötzlich ein unbekanntes Gefühl, das wie Staunen und ein sonderbares Kribbeln zugleich war. Er blieb stehen, seine Augen fest auf sie gerichtet, als sie ihm einen flüchtigen Blick zuwarf.

Plötzlich begann er, die Melodie eines Liedes zu summen, das ihm in den Sinn kam: „Marmor, Stein und Eisen bricht, aber unsere Liebe nicht...". Die

Melodie schien perfekt zu diesem besonderen Moment zu passen.

Als Dulcinea die Melodie hörte, wandte sie sich ihm zu und lächelte verführerisch. Ein Hauch von Neugier schimmerte in ihren Augen, gepaart mit einer sanften Tiefe. Käpt'n Einauge war nicht mehr der unerschütterliche Krieger; er fühlte sich wie ein schüchterner Junge, der den Atem verlor.

Er trat näher und seine Stimme klang rau, als er sprach: „Ich... ich hoffe, das Lied hat dir gefallen. Es ist seltsam, aber es schien passend, als ich dich sah."

Dulcinea kicherte, und es war das schönste Geräusch, das er je gehört hatte. „Es klingt wie ein Versprechen," sagte sie mit einem Lächeln. „Was hat dich dazu gebracht, es gerade jetzt zu singen?"

Käpt'n Einauge, der plötzlich Hemmungen verspürte, ein unbekanntes Gefühl für ihn – zuckte mit den Schultern und versuchte, seine Fassung wiederzugewinnen. „Es war das, was mir in den Kopf kam, als ich dich sah. Du hast etwas in mir berührt, das ich nicht kannte."

Mit einem leicht schiefgelegten Kopf fragte Dulcinea: „Du bist also ein Haudegen ohne Angst, aber jetzt, wo du mich siehst, fehlen dir die Worte?" Sie schmunzelte. „Sieht so aus, als wärst du doch nicht aus Eisen, wie viele behaupten.

Käpt'n Einauge lachte, auch wenn er sich etwas unsicher fühlte. „Vielleicht bin ich nicht aus Eisen. Aber eines weiß ich: Ich habe noch nie jemanden gesehen, der so viel von der Welt in sich trägt wie du. Deine Schönheit ist..." Er hielt inne, suchte nach den richtigen Worten. „...unbeschreiblich."

Dulcinea schien berührt, blieb aber gelassen. „Danke, Käpt'n Einauge. Aber Schönheit ist nicht alles. Es gibt viele Dinge, die man erst mit der Zeit erkennt."

Die beiden standen eine Weile schweigend da, fast so, als würde dieser Moment sie in eine andere Welt versetzen. Käpt'n Einauge, sonst nie um Worte verlegen, dachte nach. Etwas hatte sich verändert, und er spürte es tief in seinem Herzen.

Der Hafen, der Wind und die Wellen verloren plötzlich ihre Bedeutung. Nur Dulcinea, die schönste Frau, die er je getroffen hatte, und das sanfte Summen eines Liedes blieben in seinem Kopf. „Marmorstein und Eisen bricht... aber unsere Liebe nicht", summte er mit einem Lächeln weiter.

Dulcinea beobachtete ihn, als er sich schließlich abwandte, und in ihren Augen funkelte etwas, das sie nicht verloren hatte. Käpt'n Einauge spürte, dass dies der Anfang von etwas Neuem war – einem Abenteuer, das er sich nie hätte vorstellen können. Er war sich auch bewusst, dass er nie wieder der gleiche Mann sein würde, der ohne Angst durch die Welt zog. Manchmal sind es nicht die Kämpfe oder Schwerter, die einem die größte Lektion erteilen, sondern die Liebe, die einen unversehens packt. Und natürlich auch die mögliche Mitgift, die Dulcinea mitbringen könnte.

 **Marmor, Stein und Eisen bricht,**
Song von: Drafi Deutscher

Weine nicht, wenn der Regen fällt
Dam-dam, dam-dam
Es gibt einen, der zu dir hält
Dam-dam, dam-dam
Marmor, Stein und Eisen bricht
Aber unsere Liebe nicht
Alles, alles geht vorbei
Doch wir sind uns treu
Kann ich einmal nicht bei dir sein
Dam-dam, dam-dam
Denk daran, du bist nicht allein
Dam-dam, dam-dam
Marmor, Stein und Eisen bricht
Aber unsere Liebe nicht
Alles, alles geht vorbei
Doch wir sind uns treu
Marmor, Stein und Eisen bricht
Aber unsre Liebe nicht
Alles, alles, alles geht vorbei
Doch wir sind uns treu
Nimm den goldenen Ring von mir
Dam-dam, dam-dam
Bist du traurig, dann sagt er dir
Dam-dam, dam-dam
Marmor, Stein und Eisen bricht
Aber unsere Liebe nicht
Alles, alles geht vorbei, doch wir sind uns treu
Marmor, Stein und Eisen bricht
Aber unsre, unsre Liebe nicht
Alles, alles, alles geht vorbei doch wir sind uns treu

Mit meinen Augen

Die folgende Geschichte ist sowohl tragisch als auch romantisch und verdeutlicht die Komplexität menschlicher Beziehungen. Die unerwartete Liebe zwischen einem jungen Mann und der Tochter eines Kannibalen schafft eine faszinierende Dynamik, die sowohl Furcht als auch Bewunderung weckt. Doch lassen Sie uns die Geschichte vom Anfang an erzählen. Als Käpt'n Einauge von Nuku Hiva zurückkehrte, war er nicht nur ein Überlebender, sondern auch jemand, der intensive Erfahrungen gemacht hatte. Die Gerüchte über seine angebliche Gefangenschaft waren von einer Boulevardzeitung irrtümlich verbreitet. Doch die Wahrheit war eine Andere. Susi, die Tochter des Kannibalenhäuptlings, in der sich unser Held verliebt hatte, war nicht das Monster, das die Leute sich vorstellten. Sie war eine leidenschaftliche, lebensbejahende Frau, die ihm in der rauen Umgebung der Südseeinsel Trost und Liebe bot. Ihre Verbindung war stark und echt, entstanden aus einer gemeinsamen Sehnsucht nach Freiheit und Verständnis.

Als die Menschen in Berlin, wo er ein halbes Jahr später einen Vortrag hielt, ihn nach seiner außergewöhnlichen Liebe fragten, lächelte Käpt'n Einauge und sagte: „Ihr müsst sie nur einmal so sehen, wie ich sie sehe." Für ihn war Susi weit mehr als nur die Tochter eines Kannibalen. Sie war eine Seele, die ihn verstand und ihm half, seine tiefsten Ängste und Vorurteile zu überwinden.

Diese Worte inspirierten zu einem Song, der die Herzen der Menschen berührte. Es war ein Lied über Akzeptanz und die Kraft der Liebe, die Grenzen überwindet. Der Refrain betonte, dass wahre Schönheit und Liebe nicht durch äußere Umstände bestimmt werden, sondern durch die Verbindung, die zwei Menschen miteinander teilen können.

Der Song wurde ein Hit und verbreitete sich schnell. In seinen Texten beschrieb Käpt'n Einauge die Stärke der Liebe, die selbst in den dunkelsten Momenten strahlen kann. Die Menschen begannen, über ihre eigenen Vorurteile nachzudenken und erkannten, dass Liebe oft an unerwarteten Orten gefunden werden kann.

So wurde die Geschichte von Käpt'n Einauge und Susi zu einer Legende, die nicht nur von einer ungewöhnlichen Liebe erzählt, sondern auch von der Kraft des menschlichen Geistes, der sich gegen alle Widrigkeiten behauptet. Während Käpt'n Einauge weiterhin in Berlin lebte, trug er das Bild von Susi stets in seinem Herzen – eine Erinnerung daran, dass wahre Liebe alle Grenzen überwinden kann, sogar die, die wir uns selbst setzen.

 **Mit meinen Augen**
Song von Diether Dehm, Klaus Lage

Haut doch ab, oder macht eure Witze.
Sagt von mir aus,
Sie ist unscheinbar und klein.
Meinetwegen glaubt doch,
Weil ich hier mit ihr sitze,
Muss mein Geschmack total daneben sein.
Sie sitzt nicht vor der Glotze,
Will lieber selbst was machen.
Ich komm mir richtig grün vor, was die alles weiß.

36

Und dann lässt sie einfach Ihre Augen lachen
Und mir wird irgendwie -
Kalt und heiß.
Ihr müsst sie nur einmal
Mit meinen Augen sehn,
Die absolute Frau,
Ihr würdet mich verstehen.
Was sie mit mir macht ist gut,
Und sie lacht mir ihren Mut
Grad so ins Gesicht.
Da denkste echt -
Das gibt's doch nicht!

'Ne durchgemachte Nacht
Wird nicht mit Rouge verdeckt.
Sie hat ihr'n eignen Stil,
Hält nix von Selbstbetrug.
Wenn sie was von dir will,
Dann sagt sie's ganz direkt.
Sie ist nicht anspruchsvoll
Und kriegt auch nie genug.

Sie lebt jeden Tag,
So als wär's der letzte.
Sie ist ein Vitaminstoß,
Das Chaos in Person.
Ich hab gespürt,
Als sie sich zu mir setzte,
Wenn ich hier gewinne,
Bin ich glatt verlor'n.

Money Money Money

Käpt'n Einauge hatte sich im dichten, grünen Urwald Indiens verirrt, während er nach einer seltenen Ameisenart suchte, die in der Wissenschaft viel Aufsehen erregt hatte. Diese Ameise, Formica aurelia genannt, war bekannt dafür, goldene Partikel in ihren gesammelten Nektar zu integrieren. Getrieben von dem Wunsch, diese Entdeckung zu machen, hatte Käpt'n Einauge keine Zeit zu verlieren.

Er kämpfte sich durch das Dickicht, mit den Augen auf den Boden gerichtet, auf der Suche nach den kleinen, goldenen Insekten, die geschickt zwischen den Blättern und Ästen verborgen waren. Der Dschungel war laut, erfüllt von den Geräuschen der Vögel, Insekten und weit entfernten Tiere, die zu einem dröhnenden Hintergrund verschmolzen. Doch Käpt'n Einauge konzentrierte sich nur auf die Ameisen.

Plötzlich, als er sich in einen besonders dichten Teil des Waldes wagte, spürte er einen seltsamen Windstoß. Etwas fiel mit einem leisen Klirren auf seinen Kopf und landete vor ihm auf dem Boden. Er sah eine glänzende Münze direkt vor sich liegen. Verwundert bückte er sich und hob sie auf. Die Münze war alt, vielleicht sogar antik, und trug ein merkwürdiges, unbekanntes Symbol.

„Was für ein Zufall", murmelte er und schenkte dem Ganzen zunächst keine weitere Beachtung. Doch als er die Münze in seiner Hand drehte, überkam ihn plötzlich ein summendes Gefühl, als würde eine Idee in ihm reifen. Eine Melodie formte sich in seinem Kopf. In diesem Moment, mitten im Dschungel, fühlte er einen kreativen Impuls.

„Warum nicht?" sagte er laut zu sich selbst. „Vielleicht ist das das Zeichen, das ich gebraucht habe!"

Er setzte sich auf einen großen Stein, die Münze immer noch in der Hand, und begann im Sand zu kratzen. Mit seinen Fingern zeichnete er die ersten Noten des Songs. Für einen Moment schien der Dschungel stillzustehen, als würde auch die Natur den Rhythmus spüren. Käpt'n Einauge lächelte. Es fühlte sich an, als ob die Münze ihm nicht nur Glück, sondern auch die Inspiration für eine Melodie gab, die die Welt noch nie gehört hatte.

Der Song nahm Gestalt an. Die Worte „Money, money, money, must be funny, in the rich man's world" hallten in seinem Kopf wider, und Käpt'n Einauge entwickelte seine eigene Interpretation. Der Dschungel war der ideale Ort für diesen kreativen Moment, dachte er. Es war der Höhepunkt seiner Reise: die Entdeckung einer neuen Ameisenart und einer frischen, lebendigen Idee.

Käpt'n Einauge summte und klopfte im Takt der Melodie auf seinen Oberschenkel, und ein Lächeln breitete sich auf seinem Gesicht aus. Vielleicht war es die Magie des Waldes oder die Münze, die ihm den richtigen Anstoß gegeben hatte. Als er später in die Zivilisation zurückkehrte, wusste er, dass er nicht nur eine seltene Ameisenart entdeckt hatte, sondern auch einen Song, der die Welt verzaubern würde.

„Money, money, money…" summte er weiter, während er seinen Weg fortsetzte. Der Dschungel hatte ihm mehr geschenkt, als er je erwartet hatte.

Money, Money, Money
Song von Benny Goran Bror Andersson, Bjoern K. Ulvaeus

Ich arbeite rund um die Uhr, um die Rechnungen zu bezahlen, die ich leider übernehmen muss.
Ist das nicht traurig? Es scheint, als bliebe mir kein Cent übrig. Das ist wirklich frustrierend!
Doch in meinen Träumen habe ich einen Plan:
Wenn ich einen wohlhabenden Mann finde,
müsste ich nie wieder arbeiten.
Dann könnte ich nur Spaß haben.
Wie wunderbar wäre das!
In der Welt der Reichen und Schönen scheint die Sonne immer, wenn man Geld hat.
Was könnte ich alles tun, wenn ich etwas Geld hätte?
Die Welt gehört den Vermögenden!
Einen solchen Mann zu finden, ist gar nicht so einfach, aber ich kann nicht aufhören,
daran zu denken.
Ist das nicht traurig? Und selbst wenn so jemand einmal ledig wäre, würde er sicher nicht Interesse an jemandem wie mir haben.
Das ist wirklich unfair. Also denke ich daran,
nach Las Vegas oder Monaco zu gehen,
um im Casino den Jackpot zu knacken
dann würde mein Leben ganz anders aussehen.

My Heart Will Go On

Käpt'n Einauge hatte nie gedacht, dass er eines Tages von Außerirdischen entführt werden würde. Er war ein gewöhnlicher Pirat, ein Träumer, der Freude an kleinen Dingen fand. Doch eines Nachts, während er auf dem Dach seines Hauses lag und die Sterne betrachtete, geschah das Unglaubliche. Ein grelles Licht umhüllte ihn und plötzlich fand er sich in einem geheimnisvollen Raum wieder.

Der Raum war kalt und düster, die Wände schimmerten metallisch in unheimlichem Licht. Käpt'n Einauge sah sich um und bemerkte eine seltsame Kreatur, die sich ihm näherte. Sie war klein, hatte grüne Haut, große leuchtende Augen und lange dünne Gliedmaßen. „Ich bin Mini", sagte die Kreatur mit einer Stimme, die wie ein sanftes Flüstern klang. „Willkommen in meinem Verlies."

Käpt'n Einauge verspürte sofort Unbehagen. Er wusste, dass er hier nicht hingehörte. Mini hatte eine Mission: Informationen über die Menschen zu sammeln. Käpt'n Einauge wurde in einen Folterkeller gebracht, der mit grausamen Geräten ausgestattet war, die selbst in seinen schlimmsten Albträumen nicht existiert hätten.

Die Foltermethoden waren brutal und seltsam. Mini hatte eine besonders perfide Technik, die sie "Die Ziegenprobe" nannte. Käpt'n Einauge musste seine Schuhe ausziehen, während Mini Salz auf seine nackten Füße streute. Dann brachte sie eine kleine Ziege herein, die die salzigen Füße lecken sollte. Käpt'n Einauge hörte Minis Kichern, während er versuchte, den Schmerz und die Demütigung zu ertragen.

Tag für Tag wiederholte sich dieses Grauen. Käpt'n Einauge wurde immer schwächer, doch in seinem Inneren brannte ein Funken Hoffnung. Er wusste, dass er nicht aufgeben durfte. In den stillen Momenten, in denen Mini nicht anwesend war, begann er, ein Lied zu komponieren. Es handelte von Liebe und Verlust, von Hoffnung und Freiheit. "My

41

Heart Will Go On" wurde seine Melodie, sein Mantra, das ihn am Leben hielt.

Eines Nachts, während Mini mit einem neuen Foltergerät beschäftigt war, nutzte Käpt'n Einauge seine Chance. Er hatte sich heimlich einen kleinen Schlüssel aus einem ungesicherten Gerät besorgt. Mit zitternden Händen öffnete er die Tür und schlüpfte hinaus in den Gang.

Die Gänge waren labyrinthartig, aber Käpt'n Einauge folgte dem Klang seiner Melodie, die in seinem Kopf widerhallte. "My Heart Will Go On" gab ihm die Kraft, weiterzugehen, während er die Angst hinter sich ließ. Schließlich fand er einen Ausgang und trat in die frische Nachtluft. Der Himmel war klar, und die Sterne funkelten wie in der Nacht seiner Entführung.

Käpt'n Einauge wusste, dass er nie wieder derselbe sein würde. Die Erinnerungen an Mini und ihren Folterkeller würden ihn verfolgen. Doch während er in die Freiheit lief, sang er leise seine Melodie, die ihm half, die Dunkelheit hinter sich zu lassen. "My Heart Will Go On" – und so tat er es auch.

 **My Heart Will Go On**
Song von: Will Jennings, James Horner

Jede Nacht träume ich von dir und spüre, dass du weiterhin existierst. Trotz der Entfernung und der Räume zwischen uns kommst du zu mir und zeigst, dass du noch hier bist. Ob nah oder fern, wo immer du auch bist, ich bin überzeugt, dass unser Herz weiterlebt.
Einmal mehr öffnest du die Tür zu meinem Herzen, und es wird für immer bestehen bleiben. Die Liebe berührt uns nur einmal, aber sie bleibt ein Leben lang, bis wir eins werden. Es war Liebe, als ich dich umarmte – dieser besondere Moment des Verliebtseins.
Für den Rest unseres Lebens werden wir zusammen sein. Ob nah oder fern, wo auch immer du bist, ich glaube, unser Herz bleibt lebendig.
Einmal mehr öffnest du die Tür zu meinem Herzen, und es wird ewig weiterleben. Du bist hier, und ich habe nichts zu befürchten. Ich weiß, mein Herz wird weiter schlagen. Wir gehen stets diesen Weg, du bist sicher in meinem Herzen, und es wird immer weiterleben.

Simply the Best

Unser Freund Käpt'n Einauge war bekannt für seinen Mut und seinen unermüdlichen Tatendrang. Ob er einen Baum fällen oder einen steilen Berg erklimmen wollte – nie scheute er sich vor Herausforderungen und hatte stets ein breites Grinsen im Gesicht. Doch es gab eine kleine Schwäche, die seinen Mut trübte: Katzen.

Jedes Mal, wenn Käpt'n Einauge einer Katze begegnete, erstarrte er wie ein Reh im Scheinwerferlicht. Sein Herz pochte heftig, und seine Beine fühlten sich schwer an. Aus diesem Grund sorgte sein bester Freund Niko, der drei Katzen hatte, immer dafür, dass die Tiere in einem anderen Zimmer blieben, wenn Käpt'n Einauge zu Besuch war.

An einem sonnigen Nachmittag war Käpt'n Einauge wieder bei Niko. Die beiden Freunde lachten und erzählten Geschichten, während sie im Wohnzimmer saßen. Doch plötzlich sah Moritz, der schwarze Kater, seine Chance. Leise schlich er sich aus dem Schlafzimmer und betrat das Wohnzimmer.

Als Käpt'n Einauge Moritz entdeckte, erstarrte er sofort. Der Kater saß dort mit seinen leuchtenden Augen und starrte ihn an. Für einen Augenblick schien die Zeit stillzustehen, und Käpt'n Einauge fühlte sich, als wäre er in einen tiefen Teich gefallen, aus dem es kein Entkommen gab.

Doch an diesem Tag war etwas anders. Eine Welle des Mutes durchfloss ihn, und er beschloss, sich nicht länger von seiner Angst beherrschen zu lassen. Mit einem tiefen Atemzug sammelte er seinen Mut, stand auf und stellte sich Moritz entgegen.

Mit einem entschlossenen Blick, der an einen Krieger erinnerte, sprach Käpt'n Einauge: „Du bist hier nicht willkommen!" Moritz, überrascht von der plötzlichen Entschlossenheit des Käpt'n, machte einen Schritt zurück und entschied sich, lieber das Weite zu suchen.

In diesem Moment kam Niko mit einem Handtuch über der Schulter aus der Küche und entdeckte Käpt'n Einauge, der triumphierend im Wohnzimmer stand. „Simply the Best!", rief Niko begeistert. „Du hast es geschafft!"
Käpt'n Einauge lächelte und spürte, wie Erleichterung und Stolz ihn durchströmten. Er wusste, dass er seine Angst vor Katzen noch nicht ganz überwunden hatte, aber er hatte einen ersten Schritt gemacht. Von diesem Tag an war er bereit, sich seinen Herausforderungen zu stellen – großen und kleinen, die ihm im Alltag begegneten.

 **Simply the Best**
Song von Holly Knight, Michael Donald Chapman

Ich werde dich anrufen, wenn ich dich brauche;
mein Herz ist voller Leidenschaft.
Du kommst zu mir, ungestüm und aufgeladen.
Wenn du da bist, gibst du mir alles,
was ich mir wünsche, schenkst mir ewige
Versprechen und eine Welt voller Träume.
Du sprichst die Sprache der Liebe und weißt,
was sie bedeutet. Oh, das kann nicht falsch sein.
Nimm mein Herz und mach es stärker, Liebling.
Du bist einfach das Beste, besser als alles andere,
besser als jeder Mensch, den ich je getroffen habe.
Ich halte fest an deinem Herzen und hänge an jedem
deiner Worte. Wenn wir getrennt werden,
würde ich lieber sterben.
In deinem Herz sehe ich die Sterne, Tag und Nacht.
In deinen Augen verliere ich mich, werde fortgetragen.
Solange ich in deinen Armen bin,
könnte ich an keinem besseren Ort sein.
Du bist einfach das Beste, besser als alles andere,
besser als jeder Mensch, den ich je getroffen habe.
Ich halte fest an deinem Herzen und hänge an jedem
deiner Worte. Wenn wir getrennt werden,
würde ich lieber sterben.
Jedes Mal, wenn du mich verlässt, verliere ich die
Kontrolle. Du nimmst mein Herz und meine Seele mit.
Ich kann dich spüren, selbst wenn ich alleine bin.
Oh, Liebling, lass nicht los.

46

Der Akrobat

Käpt'n Einauge war schon immer total fasziniert von der aufregenden Welt des Zirkus. Die bunten Lichter, die mitreißende Musik, die beeindruckenden Akrobatik-Nummern und die bunte Truppe der Darsteller hatten es ihm einfach angetan. Als Kind träumte er oft davon, selbst durch die Lüfte zu fliegen und das Publikum mit seinen Kunststücken zu begeistern. Der Gedanke, Teil eines großen, reisenden Zirkus zu sein, ließ sein Herz höherschlagen.

Als er sich dann schließlich für die Rolle des Zampanos in Fellinis „La Strada" bewarb, wusste er, dass er diese Chance unbedingt nutzen wollte. Die Figur des rauen, aber verletzlichen Mannes, der zusammen mit der jungen Gelsomina reist, schien wie für ihn gemacht. Käpt'n Einauge hatte monatelang geübt, um die Charaktereigenschaften, die Mimik und die Gestik zu perfektionieren, und war überzeugt, dass er Zampano auf seine eigene, besondere Art darstellen könnte.

Doch dann kam der Schock: Kurz vor den Dreharbeiten hatte er Magen-Darm-Probleme und fiel aus. Anthony Quinn sprang kurzfristig für ihn ein und machte die Rolle zu einem seiner unvergesslichen Momente. Käpt'n Einauge war echt enttäuscht und frustriert, wusste aber, dass im Film- und Theatergeschäft immer mal wieder unerwartete Herausforderungen warten.

Trotz dieser Rückschläge blieb sein Traum, ein Akrobat zu werden, lebendig. Er stürzte sich in die Akrobatik, besuchte Workshops und trainierte jeden Tag. Käpt'n Einauge arbeitete daran, seine Körperbeherrschung zu verbessern und lernte das Jonglieren, Seiltanzen und Luftakrobatik. Er wusste, dass es nicht reicht, einfach ein guter Schauspieler zu sein; er wollte auch die Anmut und den Mut eines Akrobaten haben.

Die Vorstellung, irgendwann in einem Zirkus aufzutreten, ließ ihn nicht los. Vielleicht würde sich eines Tages die Gelegenheit bieten, nicht nur als Schauspieler, sondern auch als Akrobat die Bühne zu betreten. Mit jedem Training kam er seinem Traum ein Stück näher. Käpt'n Einauge war fest entschlossen, seinen eigenen Weg im Zirkus zu finden und nicht nur im Schatten großer Filmrollen zu stehen.

So lebte er weiter, zwischen dem Glanz des Kinos und der magischen Welt des Zirkus, immer auf der Suche nach seiner wahren Bestimmung und dem perfekten Moment, um seine Leidenschaft für die Akrobatik mit der Welt zu teilen.

Ο Ακροβάτης --Der Akrobat
Song von Dimitrios Apostolakis

Schaut euch den Akrobaten an, der hinfällt.
Bemerkt den Fremden,
dem es dabei nicht schwindelig wird.
Beobachtet den Akrobaten,
der lacht, selbst wenn er stürzt,
und niemals weint, niemals weint.

Dort ist der Wüstenvogel mit blutigen Flügeln.
Er fliegt trotz des Wetters.
Gegen das Wetter, gegen das Wetter –
es ist eine Ehre zu fliegen,
allein zu sein, allein zu sein.
Schaut einander an,
verbindet euch miteinander; mehr verlange ich nicht.
Ich trage gebrochene Flügel auf meinen Schultern
und bin ein Hindernis.
Der Tag ist vorbei, und ihr seid immer noch hier.
Weint nicht, mein Vogel, weint nicht, mein Vogel.

The Lady in Red

Inspiration Sabine K.

Rotkäppchen hatte sich sorgfältig auf die Party vorbereitet. Heimlich hatte sie den Märchenwald verlassen, um zu einem Fest in einem versteckten Garten zu gehen. Stolz trug sie ihr rotes Käppchen und ein wunderschönes Kleid, das sie sich von Schneewittchen geliehen hatte. Dazu kombinierte sie funkelnde Schuhe von Aschenputtel und eine elegante Gucci-Tasche von Frau Holle. Aufgeregt schlüpfte sie durch das Dickicht in Richtung des Lichts und der Musik der Feier.

Als Rotkäppchen den Garten betrat, war die Party bereits in vollem Gange. Bunte Lichter funkelten zwischen den Bäumen, und fröhliche Musik erfüllte die Luft. Sie griff schnell nach einem Glas Apfelsaft – dem einzigen „Cocktail", den sie sich erlauben wollte – und ließ ihren Blick über die tanzenden Gäste schweifen.

In einer spärlich beleuchtenden Ecke des Gartens entdeckte sie Käpt'n Einauge. Er lehnte lässig gegen eine Wand mit einer Flasche Rum in der Hand und hatte bereits einen leicht verschwommenen Blick. Doch als er Rotkäppchen sah, vertiefte sich sein Ausdruck. „Lady in Red", begann er mit einer tiefen Stimme und kam auf sie zu.

Rotkäppchen errötete nicht nur wegen des Kompliments. Käpt'n Einauge war nicht nur mutig und stark, sondern auch charmant. „Du siehst bezaubernd aus", sagte er, während er sie bewundernd musterte. „Ich hätte nie gedacht, dass das kleine Mädchen mit dem roten Käppchen so gewachsen ist."

„Und ich hätte nie gedacht, dass der furchtlose Käpt'n Einauge ein Romantiker ist", antwortete sie schüchtern und lächelte. „Was machst du hier?"

„Ich wollte ein bisschen Abenteuer erleben, aber ich bin anscheinend nur auf einer Party gelandet", gestand er, während er einen Schluck aus seiner Flasche nahm. „Und ich bin froh, dich getroffen zu haben."

Ein Moment der Stille entstand, während sie sich ansahen und die Musik um sie herum spielte. Käpt'n Einauge schien in Gedanken versunken zu sein, und Rotkäppchen spürte, wie ihr Herz schneller schlug. „Möchtest du tanzen?" fragte sie plötzlich, ihre Nervosität durch spontane Vorfreude überwindend. Käpt'n Einauge zögerte einen Moment, lächelte dann aber breit. „Warum nicht?"

Sie bahnten sich ihren Weg durch die Menge, und als die Musik schneller wurde, begannen sie zu tanzen. Rotkäppchen fühlte sich frei und unbeschwert, während sie sich zur Musik bewegten. Käpt'n Einauge war ein leidenschaftlicher Tänzer, und sie lachte, als er versuchte, einige seiner „furchtlosen" Bewegungen einzubringen.

Die Party pulsierte vor Leben, und sie verloren sich in der Musik und dem Moment. Rotkäppchen hatte die Sorgen des Märchenwaldes für einen Abend hinter sich gelassen. In diesem Garten voller Lichter und Lachen fühlte sie sich wie eine Prinzessin.

Mit fortschreitender Nacht blickten sie sich an und wussten, dass sie diesen Abend niemals vergessen würden. Gemeinsam hatten sie die Grenzen ihrer Welt überschritten – Rotkäppchen war nicht mehr nur das Mädchen im roten Käppchen, und Käpt'n Einauge war nicht mehr nur der furchtlose Held. Sie waren einfach zwei Freunde, die das Leben und all die Abenteuer feierten, die es zu bieten hatte.

 **The Lady in Red**
Song von Chris De Burgh

Ich habe dich heute Abend noch nie so schön
erstrahlen sehen wie jetzt.
Noch nie hast du so hell geleuchtet.
So viele Männer haben dich um einen Tanz gebeten,
alle auf der Suche nach einer kleinen Romanze.
Dein Kleid heute Abend ist einfach atemberaubend,
und das Funkeln in deinem Haar spiegelt das Licht
deiner Augen wider.
Ich muss blind gewesen sein,
denn die Dame in Rot tanzt mit mir...
Wange an Wange.
Es ist nur der Raum für uns da, und genau hier
möchte ich sein.
Doch ich kenne die Schönheit an meiner Seite kaum.
Ich werde nie vergessen,
wie du heute Nacht ausgesehen hast.
Du warst unglaublich hinreißend und strahlend.
So viele Menschen wollten in deiner Nähe sein,
und als du dich zu mir umdrehst und lächelst,
raubst du mir den Atem.
 So ein Gefühl hatte ich noch nie – die vollkommene
und reine Liebe, die ich heute Abend empfinde.

51

Your Song

Käpt'n Einauge saß in der Straßenbahn, umhüllt von seinem breiten Mantel, während sein Piratenhut tief ins Gesicht gezogen war. Nur sein eindringlicher, einäugiger Blick war sichtbar. „Käpt'n Einauge zahlt heute nicht!" rief er mit seiner tiefen Stimme, die nach Rum und Abenteuern roch. Der Fahrer zuckte zusammen, als hätte er einen Kanonenschuss gehört, und winkte Käpt'n Einauge nach hinten durch.

Dieses Szenario wiederholte sich zwei Wochen lang. Jedes Mal, wenn Käpt'n Einauge die Straßenbahn betrat, rief er: „Käpt'n Einauge zahlt heute nicht!" Die anderen Passagiere blickten ihn an, einige schüttelten den Kopf, andere lächelten, doch kaum jemand wagte es, ihn anzusprechen. Schließlich war er der Käpt'n und es war unklar, welche Geschichten er auf Lager hatte.

Eines Tages, nach zwei Wochen ununterbrochenen Schwarzfahrens, stellte sich der Schaffner ihm in den Weg. „Das geht nicht, Käpt'n Einauge! Schwarzfahren ist nicht in Ordnung!"

Der Käpt'n sah ihn an und es schien einen Moment lang, als würde er ihm einen strengen Blick entgegenschicken. Doch dann schüttelte er den Kopf und grinste. „Ich zahle heute nichts, ich habe eine Monatskarte!" Er zog triumphierend die Karte aus seiner Manteltasche und hielt sie dem Schaffner vor die Nase.

Der Schaffner war verblüfft. „Eine Monatskarte? Das hätte ich nie gedacht!"

Käpt'n Einauge setzte sich auf einen freien Platz und holte ein Notizbuch aus seiner Tasche. „Jetzt lass mich in Ruhe, ich habe Wichtigeres zu erledigen!" Er begann zu schreiben, und die Worte flossen wie der Wind über die Wellen.

Währenddessen summte er leise die Melodie, die sich in seinem Kopf bildete. Es war ein Lied über das Leben auf dem Wasser, über die Freiheit und die Abenteuer seines Lebens. Käpt'n Einauge war nicht

nur ein Schwarzfahrer, er war ein
Geschichtenerzähler, ein Poet der See.
„Your Song" nannte er ein Lied, das er gerade
schrieb. Es war die Hymne eines Mannes, der die
Welt um sich herum liebte, unabhängig von den
Regeln der anderen. Es war die Melodie der Freiheit
und die Erzählung seiner Reisen – ein Lied, das die
Herzen der Menschen berühren sollte.

It's a little bit funny
This feeling inside
I'm not one of those who can easily hide

Als die Straßenbahn an der nächsten Haltestelle hielt,
blickte Käpt'n Einauge auf und sah die Mitreisenden,
die ihn neugierig anstarrten. Er lächelte und sang laut
und voller Inbrunst.
Das Publikum klatschte begeistert, und der Schaffner
schüttelte den Kopf, aber auch er konnte sich dem
Charme des Käpt'n nicht entziehen. So setzte die
Straßenbahn ihre Fahrt fort, während Käpt'n Einauge
seine eigene Geschichte sang – eine Geschichte, die
Elton John inspirierte.

 **Your Song**
Song von: Bernie Taupin, Elton John

Das Gefühl in mir ist ein wenig seltsam. Ich gehöre nicht zu den Menschen, die das gut verbergen können. Ich habe nicht viel Geld, aber wenn ich es hätte, würde ich ein großes Haus kaufen, in dem wir beide wohnen könnten. Wenn ich ein Bildhauer wäre – aber eigentlich, vielleicht lieber nicht. Oder einer von denen, die überall ihre Wundermittel anbieten...
Ich weiß, das ist nicht viel, aber ich habe nichts Besseres zu geben. Was ich dir schenken kann, sind meine Lieder. Und dieses hier ist für dich. Du kannst es jedem erzählen: Das ist dein Lied. Es mag nicht viel sein, aber jetzt, wo es fertig ist, hoffe ich, es macht dir nichts aus, dass ich in Worte gefasst habe, wie wunderbar das Leben ist, seit es dich gibt.
Ich habe mich aufs Dach gesetzt und das Moos entfernt. Einige Strophen haben mich ganz schön ins Schwitzen gebracht, aber die Sonne war freundlich, während ich dieses Lied schrieb. Es ist für Menschen wie dich, die es immer wieder hören wollen. Also verzeih mir, wenn ich etwas vergessen habe, das passiert mir manchmal. Ich weiß nicht mehr, ob deine Augen grün oder blau sind. Wie dem auch sei, was ich wirklich sagen möchte, ist: Du hast die wundervollsten Augen, die ich je gesehen habe.

54

Highway to Hell

Käpt'n Einauge war richtig aufgeregt. Er hatte die Hauptrolle in einer neuen Serie namens "Highway to Hell" bekommen. Als leidenschaftlicher Schauspieler hatte er sich eine tiefgehende Story über zwei Liebende vorgestellt, die nach ihrem Platz in der Welt suchten. Die Motorräder und Gangmitglieder sollten nur einen coolen Hintergrund für die Beziehung der Hauptfiguren bieten.
Doch als er am Set ankam, merkte er schnell, dass er in einer anderen Realität gelandet war. Die Kulisse war ein schäbiges Diner an einer stark befahrenen Straße, umgeben von dröhnenden Motorrädern und tätowierten Typen in Lederjacken. Käpt'n Einauge fühlte sich etwas fehl am Platz, als er die rauen Gesichter der anderen Schauspieler sah, die sich angeregt unterhielten.
„Käpt'n Einauge! Bereit für deinen ersten Ride?" rief einer der Darsteller, ein muskulöser Typ mit einer tiefen Stimme und anscheinend der Chef der Motorrad-Gang. Käpt'n Einauge grinste nervös und nickte, während sein Herz viel schneller als üblich schlug. Er hatte noch nie auf einem echten Motorrad gesessen, geschweige denn war er nie ein Mitglied einer Gang gewesen.
Die Dreharbeiten starteten, und Käpt'n Einauge fand sich schnell in einem wilden Ritt voller Geschwindigkeit und Adrenalin wieder. Die Maschinen heulten über die Straße, und die Kameras hielten die aufregende Stimmung fest. Doch bald wurde ihm klar, dass es nicht nur um die Liebe zwischen zwei Menschen ging. Es gab rivalisierende Gangs, spannende Verfolgungsjagden und jede Menge Konflikte, die Käpt'n Einauge so nicht erwartet hatte.
Während einer besonders krassen Szene, als die Gang durch die Nacht raste, drängte sich das Lied „Highway to Hell" in seinen Kopf. Die kraftvollen Gitarrenriffs und der eingängige Refrain passten perfekt zu dem aufregenden Geschehen rund um ihn.

Plötzlich fühlte sich Käpt'n Einauge inspiriert und begann leise zu summen. Es war, als würde die Musik ihm helfen, noch tiefer in die Rolle einzutauchen und die Emotionen der Szene zu verstärken.
Nach einem langen Drehtag saßen die Darsteller zusammen und lachten über die chaotischen Momente am Set. Käpt'n Einauge, der mittlerweile ein bisschen mehr über die Welt der Motorradgangs wusste, fühlte sich als Teil dieser rauen, aber herzlichen Gemeinschaft. Er erzählte ihnen von seinem anfänglichen Missverständnis über den Titel der Serie, und alle brachen in schallendes Gelächter aus.
„Du bist nicht der Erste, der denkt, es geht um eine Liebesgeschichte", bemerkte der Gang- Chef mit einem Grinsen. „Aber hey, vielleicht kannst du uns ja ein bisschen von deinem Schauspielwissen beibringen."
Am Ende des Drehs, als Käpt'n Einauge auf dem Motorrad saß und die kühle Nachtluft um ihn wehte, wusste er, dass er eine Erfahrung gemacht hatte, die weit über das hinausging, was er sich vorgestellt hatte. "Highway to Hell" war nicht nur ein Titel, sondern eine Reise, die ihm beigebracht hatte, dass das Leben oft unerwartete Wendungen nimmt. Und während der Wind durch seine Haare wehte, summte er den vertrauten Refrain, der nun eine ganz neue Bedeutung für ihn hatte.

 **Highway to Hell**

Song von: Angus Young, Malcolm Young, Ronald Scott

Ein einfaches Leben, bedingungslose Liebe,
Ein Ticket für eine einmalige Reise.
Ich will nichts und wünsche mir nur Ruhe.
Ich erledige alles im Handumdrehen,
Brauche keinen Grund und keine gereimten Worte,
Theoretisch benötige ich weder Sinn noch Verstand.
Es gibt nichts, was ich lieber tun würde,
Jetzt ist die Zeit zum Feiern,
Und meine Freunde sind auch dabei.
Ich bin auf dem Weg zur Hölle,
Ohne Stoppschilder,
Ohne Geschwindigkeitsbegrenzungen.
Niemand kann mich aufhalten,
Wie ein Rad,
Das ich in Bewegung setzen werde.
Niemand kann mich betrügen.
Hey Satan,
Ich trage meinen Teil bei.
Ich spiele in einer Rockband,
Hey Mama, schau mich an,
Ich bin auf dem Weg ins gelobte Land.
Ich bin auf der Autobahn zur Hölle,
Halt mich nicht auf,
Ich bin auf der Autobahn zur Hölle
Und ich gehe bis zum Ende.
Ich bin auf der Autobahn zur Hölle.

Stand By Me

Es war ein kalter Dezembermorgen im Jahr 1970, als Käpt'n Einauge, ein frisch gebackener Astronaut der NASA, seine letzte Prüfung ablegte. Er hatte monatelang hart für die nächste Apollo-Mission gearbeitet und die Aufregung in der Luft war förmlich spürbar, als der Prüfer verkündete: „Sie haben bestanden, Käpt'n Einauge. Willkommen in der Apollo-Mission!" Sein Herz klopfte wie wild. Sicher, er wäre nicht der erste Mensch auf dem Mond, aber als Pirat würde er der erste seiner Art sein, der dort landete.

Am 18. Dezember 1970 startete die Rakete. Als die Triebwerke zündeten, verspürte Käpt'n Einauge ein angenehmes Kribbeln im Bauch – dieser Flug würde etwas ganz Besonderes sein. Die Erde verschwand hinter ihnen und der schwarze Himmel breitete sich vor ihm aus. Gedanken an all die Abenteuer, die ihn erwarteten, ließen ihn lächeln.

Nach einer aufregenden Reise landete die Apollo-Kapsel sanft auf der Mondoberfläche. Als die Luke sich öffnete und er seinen ersten Schritt auf den feinen, grauen Staub setzte, wusste er, dass er Geschichte schrieb. Doch was als Nächstes geschah, übertraf alles, was er je erträumt hatte.

Während er über die Mondoberfläche wanderte, entdeckte er plötzlich eine geheimnisvolle Gestalt. Es war ein Mädchen mit langen, silbernen Haaren und strahlenden Augen, die das Licht der Sterne reflektierten – Luna, das Mondmädchen. Als sich ihre Blicke trafen, schlug Käpt'n Einauges Herz schneller. In diesem Moment schien das ganze Universum um sie herum zu verschwinden. Sie umarmten sich in einer stillen Zweisamkeit, die nur der Mond kannte, und die Zeit schien stillzustehen.

Drei Tage lang verbrachten sie gemeinsam, erkundeten geheimnisvolle Krater und tanzten im sanften Mondlicht. Käpt'n Einauge erzählte ihr von der Erde, von Ozeanen und Wäldern, während sie ihm die

Geheimnisse des Mondes offenbart. Ihre Liebe blühte auf, stark und unerschütterlich.

Doch der Tag der Rückkehr nahte, und Käpt'n Einauge spürte das Gewicht der Entscheidung auf seinen Schultern. Als die Zeit zum Gehen kam, hielt Luna seine Hände fest. „Bleib bei mir", flüsterte sie, sanft wie der Wind, der über die Mondoberfläche strich.

Käpt'n Einauges Herz zerbrach fast, als er sie ansah. „Ich kann nicht bleiben, Luna, aber ich verspreche dir, ich werde zurückkommen", antwortete er mit einem Lächeln, das die Traurigkeit in seinen Augen nicht ganz verbergen konnte.

Beim Abschied begann er leise das Lied zu singen, das ihm in den Sinn kam: „Stand by Me". Die Melodie schwebte durch die einsame Mondlandschaft, ein Versprechen, das er in die Sterne schickte.

Als er in die Rakete zurückkehrte und sich von der Mondoberfläche abwandte, wusste Käpt'n Einauge, dass sein Herz für immer bei Luna bleiben würde.

Und während die Erde näherkam, träumte er von seiner Rückkehr, von der Liebe und all den Abenteuern, die noch auf ihn warteten – als der Pirat des Mondes.

Stand By Me
Song von: Ben E. King, Jerry Leiber, Mike Stoller

Wenn die Nacht anbricht
und das Land in Dunkelheit gehüllt ist,
und der Mond das einzige Licht ist, das wir sehen,
werde ich keine Angst haben,
nein, ich werde keine Angst haben,
solange du an meiner Seite bist.
Also, mein Schatz,
bleib bei mir,
bleib einfach bei mir.
Wenn der Himmel, den wir ansehen,
ins Wanken gerät und fällt
und die Berge ins Meer stürzen sollten,
werde ich nicht weinen,
ich werde keine Träne vergießen,
solange du an meiner Seite bist.
Also, mein Schatz,
bleib bei mir,
immer wenn du in Schwierigkeiten bist,
steh' an meiner Seite.

Der Süden

Es war ein klarer, kühler Abend, als Käpt'n Einauge das Planetarium betrat. Die Wände waren mit tollen Bildern des Nachthimmels dekoriert, und das sanfte Licht der Sterne zog ihn sofort in eine andere Welt. Heute würde er sich einen Vortrag über die schwarzen Löcher im Universum anhören. Die Vorstellung, die Geheimnisse des Himmels zu entdecken, ließ sein Herz vor Freude hüpfen. Kaum hatte er Platz genommen, ging es auch schon los. Der Referent redete über den Norden, Osten, Westen und schließlich den Süden. Käpt'n Einauge hörte gebannt zu, während die Bilder der südlichen Sterne an die Kuppel projiziert wurden. Er hörte von den strahlenden Konstellationen, die den Weg zu fernen Ländern und spannenden Abenteuern zeigten. Der Süden wurde als ein Ort voller Träume, Freiheit und Wärme beschrieben.

Nach dem Vortrag verließ Käpt'n Einauge das Planetarium total inspiriert. Der Abendwind streichelte sein Gesicht, während er zur Bahnstation schlenderte. Die Gedanken über den Süden schwirrten in seinem Kopf, und je mehr er darüber nachdachte, desto stärker verspürte er den Drang, seine Gefühle in ein Lied zu verwandeln.

„Der Süden…" murmelte er leise vor sich hin und zählte den Takt mit seinen Schritten. „Ein Lied über Freiheit, Sonne und Meer." Er stellte sich die sanften Wellen vor, die ans Ufer plätschern, die Palmen, die im Wind tanzen, und die warmen Nächte, in denen die Sterne wie Diamanten funkeln. In seinem Kopf formten sich die ersten Zeilen.

Die Melodie wuchs in ihm, während er schneller ging. Die Stadt um ihn herum löste sich auf, und er war ganz allein mit seinen Gedanken. Mit jedem Schritt zur Bahn blühten in seinem Kopf Bilder und Worte auf. Käpt'n Einauge wusste, dass er das Lied zu Hause aufschreiben musste. Der Süden war nicht nur ein Ort, sondern ein Gefühl, ein Traum, der darauf wartete, in Melodien gefangen zu werden.

Als er schließlich in die Bahn stieg, war er voller Vorfreude auf den Abend, der noch vor ihm lag. Er würde seine Gedanken und Gefühle zu einem Lied machen, das die Schönheit des Südens einfing. Der Gedanke an schimmernde Strände, Olivenhaine und die warmen Sonnenuntergänge über sanften Hügeln ließ ihn lächeln.

Νότος -- Der Süden
Song von Lavrentis Maheritsas und Isaak Sousis

Dort im Süden,
wo der Tod knirscht und die Liebe kracht,
reiste ich jahrelang auf der Suche
nach dem passenden Körper.
Bei den Lichtern
entdeckte die Nacht ihre ersten Anzeichen.
Ich stand ohne Zigaretten und Mitgefühl da,
und du gabst mir Rauch mit einem Kuss.
Mit welcher Stadt, mit welchem Land,
welchem Meer reist du jetzt?
Du bist still, erinnerst dich
und lächelst betrunken im Schlaf.
Dort im Süden, verlor ich die Liebe im Spiel des
Lebens, eingehüllt wie eine Eidechse in ihren
Schatten, fiel ich wie eine Münze
in deine dunkle Tiefe.
Deine Armut zündete blasse Kerzen
und speiste sie mit Eifersucht,
doch dein Stöhnen sprach „Ich liebe dich"
wie ein krankes Kind im Kinderbett.
Mit welcher Stadt, mit welchem Land,
welchem Meer reist du jetzt?
Du bist still, erinnerst dich
und lächelst betrunken im Schlaf.

Die alten Lieben gehen ins Paradies

Käpt'n Einauge hockte auf einer alten Bank im Schatten eines großen Baumes, dessen Blätter leise im Wind raschelten. Die Sonne schickte goldene Strahlen auf den Boden, und die Vögel stimmten ein fröhliches Lied an. Doch in seinem Herzen spielte eine ganz andere Melodie, voll Sehnsucht und tiefem Nachdenken. Er dachte an Adam und Eva, die ersten Menschen im Garten Eden. Ein wahres Paradies voller Schönheit, mit frischer Luft und süßen Früchten. Käpt'n Einauge stellte sich vor, wie es wohl war, an einem Ort zu leben, wo man ohne Sorgen auskam. Er malte sich aus, wie Adam mit den Tieren plauderte, Namen für sie erfand und wie Eva ihm zur Seite stand, eine treue Gefährtin in dieser unberührten Welt. „Was für ein Leben das gewesen sein muss", murmelte er leise vor sich hin. „Kein Schmerz, keine Trauer, nur die Freude am Dasein." Plötzlich träumte er davon, wie sie zusammen durch blühende Wiesen liefen, die bunten Blumen bewunderten und die süßen Früchte vom Baum der Erkenntnis pflückten. Doch dann schlich sich eine Frage in seine Gedanken: Was, wenn das Paradies nicht nur ein Ort, sondern auch ein Zustand des Herzens war?
Käpt'n Einauge dachte an die Freiheit, die Adam und Eva hatten, und an die Unschuld, die sie verloren, als sie die verbotene Frucht kosteten. „Hatten sie geahnt, was sie verlieren würden?", fragte er sich. „Konnten sie die Folgen ihrer Neugier ahnen?" Dabei wurde ihm klar, dass das Paradies nicht nur ein Ort der Freude war, sondern auch mit Verantwortung einherging.
Er schloss die Augen und stellte sich vor, wie es wäre, in diesem Garten zu leben. Doch dann kam ihm die Einsicht: Das Paradies war nicht nur ein schöner Traum, sondern auch eine Herausforderung. Käpt'n Einauge öffnete die Augen und betrachtete die Welt um sich herum mit einem frischen Blick. In diesem Moment begann er zu schreiben:

 Οι Παλιές Αγάπες

Die alten Lieben
Song von: Philippos Piatsikas und Maro Bambounaki

Die fruchtlose Langeweile eines Lebens ohne Liebe
Die Monster meiner Einsamkeit,
fürchte dich nicht vor mir, Bestie meiner Stadt,
ein verrückter Ausdruck deiner Mauern,
die dich an deine erste Liebe erinnern.
Die meisten sind gleichgültige Nichts,
sie unterdrücken dich, wo immer du bist.
Auf dunklen, kleinen Straßen gleiten die Schatten
bedrohlich. In elektrisierenden Nachtclubs
verstecken sich die Frauen halb
hinter dem Vergessen.
In sündhaften Märkten stehen die Polizisten der Allee,
neben wohlhabenden Motorradfahrern aus der
Provinz, entblößte kleine Masken im Kreis des Todes,
die den Engel oder Dämon am Ende ihrer Finger zum
Flackern bringen. Der Tagesanbruch kommt am
Samstag. Sprich nicht von alten Lieben,
denn sie halten mich von meinen größten Wünschen
ab. Sie konnten nicht zusammenbleiben,
verloren sich weit weg und versteckten sich in den
Höhlen verlorener Paradiese. Alles, was wertvoll ist,
schmerzt und ist schwer. Geh weit weg, um nicht zu
leiden, verstecke dich vor mir.
Ich weiß nicht, ob du jetzt gehst, für das Wenige,
oder ob das, was ich fühle, zu viel war,
zu viel für dich, zu viel für dich.
Sprich nicht von alten Lieben,
denn sie halten mich von meinen größten Wünschen
ab. Sie konnten nicht zusammenbleiben,
verloren sich weit weg,
versteckten sich in den Höhlen verlorener Paradiese.
Alles, was wertvoll ist, schmerzt und ist schwer...

I Will Survive

Der Raum war kalt und die Luft lag schwer vor Anspannung, als wäre ein unsichtbarer Schleier über die Anwesenden gelegt worden. Käpt'n Einauge saß auf einer der schlichten Holzbänke im Gefängnis, das wie eine Festung in der einsamen amerikanischen Wüste stand. Heute war ein besonderer Tag – die letzte Hinrichtung per elektrischem Stuhl in diesem Bundesstaat. Obwohl Käpt'n Einauge immer gegen die Todesstrafe gewesen war, fühlte er sich verpflichtet, hier zu sein. Er wollte die grausame Realität nicht nur aus Berichten kennen, sondern sie mit eigenen Augen sehen. Doch je mehr die Minuten verstrichen, desto stärker wurde sein Unbehagen. Sein Blick wanderte zu dem Mann, der auf der anderen Seite des Glases saß. Der Gefangene, ein ehemaliger Lehrer, war für ein Verbrechen verurteilt worden, das Käpt'n Einauge für unmöglich hielt. Er wirkte klein und verloren, gefangen in seinen eigenen Gedanken und wartete auf den Moment, der sein Leben beenden würde. Käpt'n Einauge fragte sich, was in den letzten Minuten des Mannes in seinem Kopf vorging. „Denkt er an seine Familie? An die Zeit, als er noch frei war? An die Schüler, die ihn geliebt haben?", überlegte Käpt'n Einauge. Er stellte sich vor, wie dieser Lehrer in seiner Zelle saß, umgeben von Dunkelheit, und seine Erinnerungen an ein anderes Leben durch seinen Kopf schwirrten. Vielleicht dachte er zurück an den ersten Schultag, an das Lächeln seiner Schüler, die vertrauensvoll zu ihm aufblickten. Käpt'n Einauge schloss seine Augen und versuchte, sich in die Gedanken des Gefangenen hineinzuversetzen. Die Angst, die Verzweiflung und die Fragen, die niemals beantwortet werden würden – „Warum musste es so enden? Was wäre, wenn ich die Zeit zurückdrehen könnte?"
Ein leises Summen lenkte ihn aus seinen Gedanken, als die Wachen den Raum betraten und sich um den elektrischen Stuhl scharten. Käpt'n Einauge öffnete die Augen und sah, wie der Gefangene zur

schrecklichen Apparatur geführt wurde. Der Mann war blass, und Käpt'n Einauge bemerkte das Zittern seiner Hände. In diesem Moment überkam ihn eine Welle der Traurigkeit. Er wollte aufstehen, etwas sagen, aber die Worte blieben ihm im Hals stecken. Was könnte er schon sagen, um diesen Moment zu verändern? Stattdessen beobachtete er, wie der Gefangene auf dem Stuhl Platz nahm und fixiert wurde. Käpt'n Einauge dachte an all die Menschen, die in den letzten Jahren gegen die Todesstrafe gekämpft hatten – einen Kampf gegen ein System, das viel zu viele unschuldige Leben gekostet hatte. „Ich hoffe, du findest Frieden", murmelte Käpt'n Einauge leise, während die letzten Vorbereitungen getroffen wurden. Er sah, wie der Gefangene die Augen schloss, als würde er einen ruhigen Ort suchen. Der Schalter wurde betätigt und der Raum war durchflutet mit grellem Licht. Käpt'n Einauge hielt den Atem an und beobachtete die letzte Sekunde. Der Gefangene zuckte zusammen, ein kurzer Schrei entfuhr seinen Lippen, und dann war alles still. Als Käpt'n Einauge den Raum verließ, fühlte er sich erschöpft und leer. Die Realität, die er gesehen hatte, würde ihn für immer verfolgen. Er hatte nicht nur einen Mann sterben sehen, sondern auch ein Stück Menschlichkeit. In diesem Moment schwor er sich, für die Stimmen derjenigen zu kämpfen, die keine mehr hatten.

 I Will Survive
Song von: Frederick J. Perren, Dino Fekaris

Zu Beginn hatte ich große Angst und fühlte mich gelähmt. Es war für mich unvorstellbar, ohne dich zu

67

leben. Doch nach vielen schlaflosen Nächten, in denen ich über die Ungerechtigkeit nachdachte, die du mir angetan hast, wurde ich stärker und fand Wege, mit meinen Gefühlen umzugehen.

Jetzt bist du zurück, und ich sehe den traurigen Ausdruck in deinen Augen. Ich hätte den Schlüssel austauschen oder darauf bestehen sollen, dass du deinen hierlässt. Hätte ich gewusst, dass du zurückkommst, um mir erneut weh zu tun, hätte ich mich besser vorbereitet.

Bitte verlasse diesen Raum und drehe dich um, denn du bist hier nicht mehr willkommen. Warst du nicht derjenige, der mir mit deinem Abschied das Herz gebrochen hat? Dachtest du wirklich, ich würde daran zerbrechen? Glaubtest du, ich würde aufgeben und sterben? Nein, ich werde überleben! Solange ich die Fähigkeit habe, zu lieben, werde ich bestehen. Ich habe noch ein ganzes Leben vor mir, voller Liebe, die ich geben möchte.

Es hat viel Kraft gekostet, nicht erneut zu zerbrechen. Mühselig habe ich die Scherben meines gebrochenen Herzens wieder zusammengesetzt. Viele Nächte war ich mit Selbstmitleid und Weinen beschäftigt. Doch jetzt halte ich den Kopf hoch, und du siehst mich als jemand völlig Neues. Ich bin nicht mehr die verletzliche Person, die dich immer noch liebt.

Du dachtest, du könntest einfach zurückkommen und erwarten, dass ich für dich da bin. Aber jetzt bewahre ich meine Liebe für jemanden auf, der mich auch liebt. Bitte verlasse jetzt diesen Raum und drehe dich um, denn du bist hier nicht mehr willkommen. Warst du nicht der, der mich mit seinem Abschied verletzt hat? Dachtest du, ich würde daran zerbrechen? Nein, ich werde überleben! Solange ich die Fähigkeit habe, zu lieben, werde ich bestehen. Ich habe mein ganzes Leben vor mir und so viel Liebe zu verschenken. Ich werde überleben.

68

Stayin' Alive

Käpt'n Einauge saß in einem kleinen Café an der Ecke einer lebhaften Straße. Um ihn herum hörte man das typischen Stadtgeräusch – das Klirren von Tassen, fröhliches Geplapper und roch den verführerischen Duft von frisch gebrühtem Kaffee. Während er gedankenverloren aus dem Fenster schaute, sah er die Passanten hastig vorbeigehen. Besonders die jungen Frauen. Ihr Lächeln erinnerte ihn an seine eigene Jugend.

Früher war er ein echter Herzensbrecher. Mit seinen markanten Zügen und dem charmanten Lächeln zog er die Frauen magisch an. Man könnte sagen, die Welt lag ihm zu Füßen. Egal, wo er war – in der Schule, auf Partys oder im Schwimmbad – jede Frau, die ihn sah, warf ihm bewundernde Blicke zu.

„Käpt'n Einauge, du bist ein richtiger Frauenmagnet!", hatten seine Kumpels oft gesagt. „Schreib doch ein Buch darüber!" Er hatte darüber nur gelacht, nie gedacht, dass sich die Dinge mal ändern könnten.

Das waren die Zeiten, in denen er im Mittelpunkt stand. Sogar die Bee Gees hatten ihm eine Hymne gewidmet – „Stayin' Alive". Das Lied war voller Energie und feierte seine unbeschwerte Art. Er erinnerte sich daran, wie er damals mit strahlendem Gesicht auf der Bühne stand, während die Menge jubelte und Frauen ihm zuwinkten. In diesen Momenten fühlte er sich unbesiegbar.

Aber viele Jahre später saß er nun hier und schaute auf das Leben, das an ihm vorbeizog. Die Erinnerungen an seine Jugend waren bittersüß. Klar, er hatte die Aufmerksamkeit und Bewunderung genossen, aber echte Beziehungen? Die hatte er nie wirklich aufgebaut. Die flüchtigen Begegnungen und schüchternen Blicke hatten ihn nie erfüllt. Eine Frau, die ihm wirklich etwas bedeutete, hatte er nicht gefunden.

„Was ist nur aus mir geworden?", fragte sich Käpt'n Einauge und rührte gedankenverloren in seinem Kaffee. Er war älter, vielleicht auch ein bisschen weiser, aber die Anziehungskraft von damals schien verblasst. Die Frauen, die einst um ihn herum waren, gehörten der Vergangenheit an. Die Lieder, die einst für ihn geschrieben wurden, hörten sich wie ein längst vergangener Traum an.

Er dachte an die Nächte, in denen er mit Freunden um die Häuser zog – die Musik laut und das Lachen unbeschwert. Die Frauen bewunderten ihn, aber wirklich kennenlernen wollte ihn niemand.

Plötzlich ertönte das Lied „Stayin' Alive" aus den Lautsprechern des Cafés. Der Rhythmus erfüllte den Raum und für einen Augenblick fühlte er sich in die Vergangenheit zurückversetzt. Erinnerungen überfluteten ihn, und er spürte die Energie der Menschen, die ihn damals umgaben. Doch gleichzeitig wurde ihm klar, dass die Zeit nicht stillstand. Die Jahre waren ins Land gezogen und mit ihnen die Unbeschwertheit seiner Jugend.

Als er seinen Kaffee ausgetrunken hatte, stand Käpt'n Einauge auf. Er wusste, dass er nicht in der Vergangenheit leben konnte. Es war Zeit, neue Erinnerungen zu schaffen. Vielleicht würde er eines Tages die Liebe finden, nach der er so lange gesucht hatte. Mit einem Lächeln öffnete er die Tür des Cafés und trat hinaus auf die belebte Straße. Der Schatten seines einstigen Ruhms würde ihn begleiten, aber er war bereit, das nächste Kapitel seines Lebens aufzuschlagen.

 **Stayin' Alive**
Song von Robin, Barry, Alan, Maurice Gibb

Du kannst an meinem Gang sehen, dass ich ein
Frauentyp bin – darüber muss man nicht lange reden.
Laute Musik und attraktive Frauen sind mir wichtig.
Ich wurde schon früh herumgeschubst, aber jetzt ist
alles gut, das ist okay. Vielleicht siehst du anders aus,
aber wir können versuchen zu verstehen, welchen
Einfluss die "New York Times" auf die Menschen hat.
Egal, ob du ein Bruder oder eine Mutter bist: Du
bleibst am Leben, bleibst am Leben! Spüre die Stadt
beben und die Menschen in Bewegung – ich bleibe
am Leben, bleibe am Leben!
Ich komme runter und werde high. Und selbst wenn
ich beides nicht erreichen kann, bemühe ich mich, es
richtig zu machen. Ich habe die Flügel des Himmels
an meinen Schuhen. Ich bin ein Tänzer und kann
einfach nicht verlieren. Du weißt, alles ist gut, es ist
okay. Ich lebe, um einen weiteren Tag zu sehen.
Wieder können wir versuchen zu verstehen, welchen
Einfluss die "New York Times" auf die Menschen hat.
Mein Leben führt ins Nichts – irgendjemand, hilf mir!
Jemand, hilf mir, ja! Mein Leben führt ins Nichts –
irgendjemand, hilf mir!
Du kannst an meinem Gang sehen, dass ich ein
Frauentyp bin – darüber muss man nicht lange reden.
Laute Musik und attraktive Frauen sind mir wichtig.
Ich wurde schon früh herumgeschubst, aber jetzt ist
alles gut, das ist okay. Vielleicht siehst du anders aus,
aber wir können versuchen zu verstehen, welchen
Einfluss die "New York Times" auf die Menschen hat.
Mein Leben führt ins Nichts – irgendjemand, hilf mir!
Jemand, hilf mir, ja!

71

Sweet Home Alabama

In den wilden Gewässern der Karibik segelte das berüchtigte Piratenschiff „Schwarze Galeere", angeführt von Käpt'n Einauge, dem gefürchteten Piraten. Sein Name jagte jedem Seefahrer Angst ein, und seine Geschichten breiteten sich wie ein Lauffeuer aus. Mit seinem scharfen Verstand und ordentlichem Mut hatte Käpt'n Einauge viele Schätze erbeutet und sich sowohl Respekt als auch Furcht verdient. Doch tief in seinem Inneren trug er ein Geheimnis, das niemand kannte: Käpt'n Einauge hatte jeden Tag Heimweh.

Die Wellen schlugen gegen die „Schwarze Galeere", während Käpt'n Einauge mit seiner Crew über die Karten gebeugt war. Sie planten den nächsten Überfall, aber während die anderen Piraten lachten und Geschichten austauschten, schaute Käpt'n Einauge gedankenverloren in die Ferne. Der Blick auf den Horizont weckte Erinnerungen an seine Kindheit – die sanften Hügel seiner Heimat, die liebevolle Umarmung seiner Mutter und der Duft von frisch gebackenem Brot, der durch das kleine Dorf zog.

Eines Nachts, als die Sterne hell leuchteten, saß Käpt'n Einauge allein auf dem Deck. Die sanfte Brise brachte den salzigen Geruch des Meeres, doch sein Herz fühlte sich schwer an. „Warum fühle ich mich so verloren?", murmelte er in die Dunkelheit. Er war der am meisten gefürchtete Pirat, der die Meere durchkreuzte, aber der Gedanke an sein Heimatdorf ließ ihn nicht los. Er vermisste die kleinen Freuden des Lebens, die er einst kannte.

Am nächsten Morgen, während die Crew den Überfall vorbereitete, hatte Käpt'n Einauge einen anderen Plan. „Wir segeln nach Hause", verkündete er entschlossen. Plötzlich herrschte Stille, und alle schauten ihn verwirrt an. „Chef, wir sind Piraten! So einfach aufhören können wir nicht!"

„Doch, das können wir", erwiderte Käpt'n Einauge. „Ich habe genug von Schätzen und Ruhm. Ich möchte wieder erleben, was es heißt, wirklich zu leben." Anfangs waren die Piraten skeptisch, aber der Mut ihres Kapitäns war ansteckend. Nach einigem Zögern stimmten sie zu, und sie nahmen Kurs auf die Küste, die Käpt'n Einauge so sehr vermisste.

Als sie schließlich im Hafen einliefen, überkam Käpt'n Einauge eine Welle der Nostalgie. Die vertrauten Geräusche der Wellen und die fröhlichen Rufe der Kinder, die am Strand spielten, ließen sein Herz höherschlagen. Er sprang von Bord und rannte durch die Straßen seines Dorfes, als wäre die Zeit stehen geblieben.

Die Dorfbewohner schauten erstaunt auf, als sie den gefürchteten Piraten sahen, doch Käpt'n Einauge lächelte und winkte. Er war nicht mehr der gefürchtete Kapitän, sondern ein verlorener Sohn, der nach Hause zurückgekehrt war.

In den folgenden Tagen half Käpt'n Einauge allen möglichen Leuten. Er reparierte Boote, half bei der Ernte und erzählte den Kindern Geschichten von seinen Abenteuern auf dem Meer. Der weichherzige Kern, den er lange verborgen hatte, kam endlich zum Vorschein. Er fand Freude an den kleinen Dingen und merkte, dass nicht die Schätze, sondern die Menschen und die gemeinsamen Erinnerungen das Leben wirklich wertvoll machten.

Die „Schwarze Galeere" blieb im Hafen, und Käpt'n Einauge wurde nicht mehr als der gefürchtete Pirat gesehen, sondern als der Held der Stadt. Er hatte die Weltmeere bereist und viele Abenteuer erlebt, doch am Ende war es die Rückkehr nach Hause, die ihm den wahren Schatz des Lebens offenbarte: die Liebe, die Gemeinschaft und die Heimat, die immer in seinem Herzen bleiben würden. Und dann begann er zu singen:

**Sweet Home Alabama**
Song von: Ronnie Van Zant, Gary Robert
Rossington, Edward C. King

Die großen Räder bewegen sich stetig und bringen
mich zu meinen Freunden nach Hause. Ich singe
Lieder über die Südstaaten und fühle mich einmal
mehr nach Alabama zurückgezogen; es fühlt sich fast
wie eine Sünde an. Ich habe gehört, dass Neil Young
über Alabama gesungen hat und dass er die Stadt
kritisiert hat. Ich hoffe, Neil Young ist sich bewusst,
dass er hier nicht mehr auftreten muss.
Süße Heimat Alabama, wo der Himmel so klar und
blau ist. Süße Heimat Alabama, ich werde zu dir
zurückkehren. In Birmingham liebt man seinen
Gouverneur. Wir haben unser Bestes gegeben, aber
Watergate interessiert mich nicht. Quält dich dein
Gewissen? Sei ehrlich!
Süße Heimat Alabama, wo der Himmel so klar und
blau ist. Süße Heimat Alabama, ich werde zu dir
zurückkehren. In Muscle Shoals gibt es die
"Swampers", die großartige Musik machen. Diese
Jungs motivieren mich und helfen mir in schweren
Zeiten. Wie geht es dir?

Versunkene Anker

Käpt'n Einauge stand vor der schweren Holztür, die zum alten Hafen führte, und hatte das Gefühl, auf der Grenze zwischen zwei Welten zu stehen. Die salzige Luft umgab ihn, und das Rauschen der Wellen schien ihm zuzuraunen: „Komm rein, wenn du magst." Doch in ihm tobte ein Sturm, der ihn zurückhielt.
„Ich weiß nicht, gegen wen ich kämpfen soll, um zu gewinnen", murmelte er leise. Diese Gedanken schwirrten wie ein nie endendes Echo in seinem Kopf. Wer war der Feind? War es die Welt, die ihn in eine unerwünschte Richtung schubste? Oder war es er selbst, der mit seinen eigenen Zweifeln kämpfte? Die Gedanken darüber, was er tun sollte, und was er wirklich fühlte, zerrissen ihn.
Er überlegte, als er die Hand auf die Tür legte. „Was, wenn ich nicht bereit bin? Was, wenn ich scheitere?" Diese Fragen quälten ihn, und der Druck, Entscheidungen zu treffen, ließ ihn fast ersticken. Käpt'n Einauge schloss die Augen und atmete tief ein. Erinnerungen an frühere Kämpfe stiegen in ihm auf und hielten ihn zurück.
Plötzlich spürte er den Blick von jemandem, der ihn anschaute, und wusste, dass es sie war. Ihre Augen, tief und intensiv, schienen ihn direkt zu durchdringen. „Komm zurück, Käpt'n Einauge", flüsterten sie. „Komm zurück zu mir." In diesem Blick war nicht nur Liebe, sondern auch die Herausforderung, sich seinen Ängsten zu stellen.
„Wie kann ich wählen, wenn ich mich so verloren fühle?", dachte er. Ihre Augen schienen ihm doppelt den Mut zu geben, den er dringend brauchte. Je mehr er nachdachte, desto mehr fühlte er sich, wie wenn ein Anker schwer auf ihm lasten würde. Er wollte aufsteigen, aber die Erwartungen und Unsicherheiten zogen ihn nach unten.
Das Meer rauschte leise, und Käpt'n Einauge öffnete die Augen. In der Ferne sah er die Sonne am Horizont aufgehen. „Vielleicht ist der Kampf nicht gegen etwas

da draußen", murmelte er. „Vielleicht ist der wahre Kampf der gegen die Zweifel in mir selbst."

Er nahm einen tiefen Atemzug und stieß die Tür auf. Das Licht strömte herein, zusammen mit der frischen Brise des Lebens. Käpt'n Einauge spürte, wie die Anker, die ihn festhielten, allmählich schwanden. Er trat ein, nicht als gefürchteter Kämpfer, sondern als ein Mann, der bereit war, sich seinen inneren Dämonen zu stellen.

„Ich werde kämpfen", sagte er entschlossen. „Für mich selbst, für die Liebe und für das, was ich wirklich will." Mit jedem Schritt, den er machte, fiel die Last von seinen Schultern. Der Weg war ungewiss, aber er war bereit, ihn zu gehen – mit all seinen Ängsten und Zweifeln, aber auch mit der Hoffnung, die ihn antrieb.

Βυθισμένες άγκυρες
Versunkene Anker
Song von Miltiadis Pashalidis und Odysseas Ioanou

Ich werde die Sterne von deiner Decke nehmen
und deine ganze Welt zerbrechen.
Ich weiß, dass meine Worte scharf sein können.
Ich spüre, wie kalte Hände mein Leben einschnüren
und mein Mut mich verlässt.
Doch heute Abend muss ich es schaffen.
Ich habe nicht die Kraft, mich zu bewegen.
Wäre es doch nur anders, aber ich weiß es nicht.
Ich wünschte, ich würde dich wieder wollen,
um dir zu sagen: „Steh auf! Ich nehme dich mit."
Um dir zu sagen:
Ich weiß nicht, gegen wen ich kämpfen soll, um zu
gewinnen.
Ich stehe an der Tür und wäge mein Leben ab.
Ich fühle, wie deine Augen mich zurückhalten,
wie sie mich doppelt lieben, damit ich umkehre,
wie angespülte Anker auf meinem Körper.
Ich gehe auf die Straße und wische dein Blut weg
und kann kaum glauben, was ich dir gesagt habe:
„Vergiss nicht, an deinen Träumen festzuhalten."
„Habe keine Angst, das Leben liegt vor dir."
Wie viele Dummheiten habe ich gesagt, um mich zu
rechtfertigen.

77

We Are the World

Käpt'n Einauge war ein richtig toller Typ mit einem riesigen Herzen und noch größeren Träumen. Er fand es super wichtig, dass jedes Kind, ganz egal woher es kommt oder welche Hautfarbe es hat, das Recht auf ein glückliches und erfülltes Leben hat. Der Gedanke daran, dass irgendwo auf der Welt Kinder hungern oder traurig sind, machte ihn echt betroffen. Also entschloss er sich: „Ich muss etwas tun!"
In seiner bunten Kajüte, die er mit Kinderzeichnungen dekoriert hatte, gründete Käpt'n Einauge die „Weltgemeinschaft für Kinder". Sein Ziel? Den Kindern in Not zu helfen, ihnen Essen, Bildung und eine liebevolle Umgebung zu bieten. Er wollte Brücken zwischen den Kulturen bauen und die Stimmen der Kinder überall hörbar machen. Käpten Einauge wusste, dass er Hilfe brauchte, also mobilisierte er Freunde und Bekannte für sein Projekt. „Gemeinsam können wir die Welt verändern!", rief er begeistert und sprach in Schulen, auf Veranstaltungen und in den sozialen Medien. Seine Botschaft war einfach, aber richtig stark: „Jedes Kind zählt, und wir können helfen!"
Bald fanden sich Gleichgesinnte zusammen, die für seine Sache brannten. Zusammen organisierten sie Spendenaktionen, sammelten Kleidungsstücke und Spielzeug und brachten Lebensmittel zu den Familien, die dringend Hilfe benötigten. Käpt'n Einauge reiste durch verschiedene Länder, um direkt mit den Kindern zu sprechen, ihre Geschichten zu hören und zu verstehen, was sie wirklich brauchten. Die Freude in den Augen der Kinder zu sehen, wenn sie etwas zu essen oder ein neues Spielzeug bekamen, erfüllte ihn mit immensem Glück.
Die „Weltgemeinschaft für Kinder" wuchs schnell. Käpt'n Einauge ermutigte Menschen aus allen Ecken der Gesellschaft, sich zu engagieren – egal ob sie Zeit, Geld oder einfach nur gute Ideen hatten. Er glaubte fest daran, dass jeder einen Unterschied

machen konnte, egal wie klein der Beitrag auch sein mochte.

Nach einer Weile konnte Käpt'n Einauge sogar Bildungs- und Gesundheitsprogramme auf die Beine stellen. Er arbeitete mit lokalen Organisationen zusammen, um Schulen zu bauen und medizinische Hilfe zu leisten. Für ihn war es wichtig, dass die Kinder nicht nur überlebten, sondern auch viel Freude empfinden konnten. Eines Tages, während er in einem kleinen Dorf in Afrika war, traf er ein Mädchen namens Amina. Sie war etwa acht Jahre alt, hatte strahlende Augen und ein Lächeln, das selbst den trübsten Tag aufhellen konnte. Käpten Einauge erfuhr, dass Amina und ihre Familie oft hungerten und sich nichts zu essen leisten konnten. Er versprach ihr, alles zu tun, um ihr und den anderen Kindern zu helfen.

In den folgenden Monaten gründete er eine kleine Schule, die nicht nur Bildung, sondern auch regelmäßige Mahlzeiten für die Kinder bot. Amira war eine der ersten, die dort eingeschrieben wurde. Als sie am ersten Schultag mit ihrer neuen Schultasche und einem strahlenden Lächeln in die Schule kam, wusste Käpt'n Einauge, dass er auf dem richtigen Weg war. Die „Weltgemeinschaft für Kinder" wurde zu einer globalen Bewegung, die sich für die Rechte und das Wohl der Kinder stark machte. Käpt'n Einauge reiste weiterhin um die Welt, um Spenden zu sammeln und die Geschichten der Kinder zu verbreiten. Er war überzeugt, dass die Liebe und das Mitgefühl der Menschen die größte Kraft waren, um das Leben der Kinder zu verbessern.

„Lasst uns zusammen dafür sorgen, dass alle Kinder glücklich sind und genug zu essen haben!"

Und so kämpfte Käpt'n Einauge weiter, in dem unerschütterlichen Glauben, dass die Zukunft in den Händen der Kinder lag – und dass es seine Mission war, ihnen die besten Chancen zu geben, ihre Träume zu verwirklichen. Mit seinen Freunden schrieb er folgendes Lied:

 **We Are the World**
Song von: Lionel Richie und Michael Jackson

Es gibt einen Moment, in dem wir einen besonderen
Aufruf brauchen, einen Moment, in dem die gesamte
Welt zusammenkommen muss. Menschen sterben,
und es ist an der Zeit, dem Leben zu helfen – das
größte Geschenk von allem.
Wir können nicht einfach weiterhin so tun, als würde
sich an jedem Tag irgendetwas ändern. Wir sind alle
Teil von Gottes großer Familie, und die Wahrheit ist,
wie du weißt: Liebe ist alles, was wir brauchen.
Wir sind die Welt, wir sind die Kinder. Wir sind
diejenigen, die einen hellen Tag gestalten können.
Lasst uns also beginnen, zu geben. Wir müssen eine
Entscheidung treffen – wir retten uns selbst. Es
stimmt, wir können einen besseren Tag schaffen, nur
du und ich. Also sende ihnen dein Herz, damit sie
wissen, dass sich jemand um sie kümmert. Dadurch
werden ihre Leben stärker und freier, so wie Gott es
uns gezeigt hat, als er Stein in Brot verwandelte.
Daher müssen wir alle helfen.
Wenn du am Ende deiner Kräfte und ausgebrannt
bist, scheint es hoffnungslos zu sein. Doch wenn du
nur glaubst, gibt es keinen Grund, warum wir
scheitern sollten. Lasst uns erkennen, dass diese
Veränderung nur kommen kann, wenn wir als Einheit
zusammenhalten.

Zeimbekiko

Käpt'n Einauge saß in einem kleinen, gemütlichen Raum der Musikschule, umgeben von alten Instrumenten und den sanften Klängen, die in der Luft schwebten. Draußen regnete es, und die Stimmung war einfach perfekt für eine Vorlesung über den Zembekikos – einen Musikstil mit Wurzeln in Smyrna. Die Dozentin, eine leidenschaftliche Musikerin mit einem strahlenden Lächeln, begann mit ihrer Erzählung. „Zembekikos ist nicht nur Musik; es erzählt Geschichten von Emotionen, Sehnsucht und dem Leben der Menschen in Smyrna, dieser blühenden Stadt an der Ägäis." Käpt'n Einauge lehnte sich zurück, seine Augen glänzten vor Neugier.

„Smyrna war ein Schmelztiegel der Kulturen", sagte sie weiter. „Im 19. Jahrhundert, als die Stadt unter osmanischer Herrschaft stand, kamen Menschen aus verschiedenen ethnischen Gruppen zusammen – Griechen, Armenier, Türken und Juden. Sie brachten ihre Musik und Traditionen mit, und aus dieser Vielfalt entstand der Zembekikos, der das Leben, die Freude und auch den Schmerz ausdrückt."

Käpt'n Einauge hörte gebannt zu, als die Dozentin von den ersten Zembekiko-Tänzen erzählte. „Das waren keine einfachen Tänze; sie waren voller Leidenschaft und Ausdruck. Man fand sie oft in Tavernen oder auf den Straßen, begleitet von den mitreißenden Klängen der Bouzouki und anderen traditionellen Instrumenten. Der Zembekikos war ein Ausdruck von Freiheit, ein Weg, für einen Moment die Alltagsorgen zu vergessen."

Plötzlich überkam ihn eine Welle der Nostalgie. Er dachte an die Geschichten, die sein Großvater ihm erzählt hatte – von den lebhaften Festen in Smyrna, von Tänzen unter dem Sternenhimmel und von der Musik, die die Nächte erfüllte. „Es war eine andere Zeit", hatte sein Großvater oft gesagt, „eine Zeit, in der die Menschen zusammenkamen, um zu feiern und das Leben zu genießen."

„Der Zembekikos ist mehr als nur ein Tanz", fuhr die Dozentin fort und riss ihn aus seinen Gedanken. „Es ist eine Ausdrucksform für die eigenen Gefühle. Die Tänzer bewegen sich zuerst in einem langsamen, fast melancholischen Rhythmus, der dann in leidenschaftliche, schnellere Bewegungen umschlägt. Es ist ein perfekter Ausdruck von Freude und Trauer, von Hoffnung und Verlust."

Die Vorlesung ging weiter, und Käpt'n Einauge fand sich in den Bildern der Dozentin wieder. Er stellte sich vor, wie sein Großvater in den Straßen von Smyrna tanzte, umgeben von Freunden und Familie, die Lieder sangen und die Nacht feierten.

Am Ende der Vorlesung stand Käpt'n Einauge auf und fühlte sich inspiriert. Er wusste, dass er mehr über Zembekikos erfahren wollte – über die Musik, die Geschichte und die Menschen, die sie geprägt hatten. Vielleicht würde er sogar selbst tanzen lernen.

Als er die Musikschule verließ, regnete es immer noch, aber die Welt schien heller. Die Klänge des Zembekikos schwebten in seinem Kopf, und er lächelte, während er durch die Straßen ging. Die Erinnerungen an Smyrna, die er von seinem Großvater gehört hatte, wurden lebendig, und er wollte die Geschichten und die Musik am Leben halten. Er rief seinen alten Kumpel Dionisios an und mit ihm gemeinsam entstand folgendes Lied:

82

 **Zeimbekiko**
Song von Dionisios Sawopoulos

Wir bewegen uns im Dunkeln mit Flugzeugen,
Schiffen und alten Freunden,
aber du kannst uns nicht hören. Du hörst nicht unser
Singen, das mit elektrischen Stimmen in den
unterirdischen Gängen erklingt,
bis wir auf deine grundlegenden Prinzipien treffen.
Mein Vater Batis kam 1921 aus Smyrna
und lebte fünfzig Jahre in einem geheimen Keller.
"Alle, die in dieser Welt lieben, essen dreckiges Brot",
sagte er stets. Gestern Abend traf ich einen Freund,
der auf einem Motorrad fuhr und dabei von Hunden
verfolgt wurde, als wäre er ein Fremder.
Erhebe dich, meine Seele, gib mir die Kraft,
verbrenne deine Kleidung und Instrumente.
Lass unsere besondere Stimme wie ein schwarzer
Geist ertönen. Fliegende Jungfrau, Glöckner der
Abendpredigt, die Stimme Gottes schwirrt in unseren
Köpfen, doch du hörst uns nicht.
Wir preisen dich in den unterirdischen Gängen
mit Eiden und Rückblicken, bis unsere Wege auf
deine Prinzipien stoßen. Unerreichbare Mutter, aus
Sand und Himmel geformt,
ich werde aus deinen Augen verschwinden,
als wäre ich ein Flüchtling in einem geheimen Keller.
Die Gläubigen lieben und essen schmutziges Brot,
und ihr Verlangen führt sie auf den verborgenen
Wegen. Gottesfürchtige Frau, die du die elektrischen
Sonnen und Monde am Himmel regierst,
du hieltest mich fest und wir gingen,
während die Hunde uns verfolgten.
gib mir die Bajonette, die die goldenen Wunden
heilen.

83

Stairway to Heaven

Käpt'n Einauge saß in dem gemütlichen Wahlbüro von seinem Kumpel Lars, umgeben von bunten Plakaten und Flyern, die für die bevorstehenden Wahlen warben. Es war richtig viel los, Tastenklicks und leises Gemurmel schwirrten durch den Raum. Käpt'n Einauge genoss die Gespräche und die Möglichkeit, mit Lars über die aktuellen politischen Herausforderungen zu plaudern.

„Es ist echt verrückt, wie rasant sich alles verändert", fing Lars an, während er einen Stapel Papiere durchging. „Ich erinnere mich noch gut, als wir im Bundestag waren und versucht haben, alles richtig zu machen und wirklich was zu bewirken. Jetzt ist alles so viel komplizierter."

Käpt'n Einauge nickte. „Total! Die Leute scheinen immer frustrierter zu werden. Diese Radikalität, die da in den letzten Jahren aufgekommen ist, macht mir echt Sorgen. Es fühlt sich an, als ob die Menschen den Glauben an den Dialog verloren haben und nur noch extreme Meinungen vertreten."

„Genau das meine ich", meinte Lars und lehnte sich lässig zurück. „Wir müssen als Bürger aufstehen und uns wehren. Extreme dürfen nicht das Sagen haben. Jeder hat die Pflicht, für die Werte einzustehen, die er für wichtig hält."

Käpt'n Einauge überlegte kurz. „Klar, ich verstehe, was du sagst. Aber manchmal kommt es mir so vor, als ob unsere Stimmen einfach untergehen. Es ist echt leicht, entmutigt zu werden, wenn man den ganzen Hass und die Intoleranz um sich herum sieht."

„Das stimmt", nickte Lars. „Aber genau darum müssen wir weiterkämpfen. Wir sollten die Leute ermutigen, sich einzubringen, zu diskutieren und ihre Meinungen kundzutun. Wir müssen die Demokratie verteidigen, auch wenn's manchmal frustrierend ist."

„Trotzdem bleibt die Realität, dass politische Ämter oft nur befristet sind. Es ist nicht die Treppe zum Himmel, wie du so schön sagst", fügte Käpt'n Einauge hinzu. „Manchmal kommt es mir vor, als ob die

Veränderungen, die wir wollen, einfach nicht schnell genug geschehen."

„Das stimmt", räumte Lars ein. „Aber jede kleine Veränderung zählt. Wenn wir es schaffen, nur ein paar Menschen zu inspirieren, hat das einen echten Schneeballeffekt. Es ist die Aufgabe aller, nicht nur der Politiker, aktiv zu sein und die Gemeinschaft zu stärken."

Käpt'n Einauge lächelte. „Es tut gut, mit dir darüber zu reden. Ich denke, wir müssen alle daran arbeiten, den Leuten zu zeigen, dass sie Teil des Wandels sein können. Es liegt nicht nur an den Politikern, sondern an jedem Einzelnen von uns."

„Absolut! Und wir müssen auch den Mut haben, gegen den Strom zu schwimmen, wenn es nötig ist", sagte Lars und klopfte Käpt'n Einauge freundschaftlich auf die Schulter. „Lass uns dafür sorgen, dass die Werte, für die wir stehen, nicht in Vergessenheit geraten. Wir sind die Stimme der Vernunft, und aufgeben dürfen wir nicht."

Die beiden Freunde schnackten weiter, während sie Plakate und Materialien für die Wahlen vorbereiteten. Käpt'n Einauge fühlte sich motiviert und inspiriert und wusste, dass der Weg vor ihnen alles andere als einfach sein würde. Aber mit Freunden wie Lars an seiner Seite war er bereit, die Herausforderungen anzupacken und sich für eine bessere Zukunft einzusetzen. Lars schnappte sich seine Gitarre und beide fingen an zu singen:

**Stairway to Heaven**
Song von: James Page und Robert Plant

Es gibt eine Dame, die fest davon überzeugt ist, dass alles, was glänzt, auch Gold ist. Sie erwirbt eine Treppe zum Himmel. Bei ihrer Ankunft ist sie sich sicher, dass sie in leeren Geschäften nur ein Wort braucht, um das zu bekommen, was sie sucht.
An der Wand sieht sie eine Schrift, ignoriert sie jedoch, denn Worte können oft mehrdeutig sein. Ein Vogel am Baum am Bach singt: Oft sind unsere Gedanken von Zweifeln durchzogen.
Ein Gefühl überkommt mich, wenn ich nach Westen blicke; mein Geist drängt mich, aufzubrechen. In meinen Gedanken sehe ich Rauch durch die Bäume ziehen und höre die Stimmen der Schaulustigen.
Der Wind trägt ein Flüstern mit sich: Gemeinsam werden wir den Flötenspieler zur Einsicht bringen, und ein neuer Tag wird für die kommen, die geduldig gewartet haben. Die Wälder werden mit Lachen erfüllt sein. Wenn draußen Lärm entsteht, mach dir keine Sorgen – es ist nur die Fröhlichkeit des Frühlings. Du hast zwei Wege zur Auswahl, und es ist niemals zu spät, die Richtung zu ändern.
In deinem Kopf herrscht ein ständiges Brummen, das erst aufhört, wenn du verstehst, dass der Flötenspieler dir folgt. Liebe Dame, hörst du den Wind? Deine Treppe ruht auf diesem flüsternden Wind. Wenn wir den windigen Weg hinuntergehen, werden unsere Schatten größer als unsere Seelen.
Eine Dame, die uns allen bekannt ist, strahlt hell und möchte uns zeigen, wie alles doch zu Gold werden kann. Wenn du genau hinhörst, wird die Melodie dich inspirieren: Wenn alle eins sind und das Eine alles ist, findest du Frieden in dir selbst.
Und sie kauft eine Treppe zum Himmel.

Let It Be

Paul McCartney hockte in seinem kleinen Studio in London, die Gitarre auf dem Schoß und seine Gedanken rollten wild. Die letzten Monate waren echt chaotisch. Die Beatles, einst ein eingespieltes Team, kämpften jetzt mit Konflikten und Missverständnissen. Jeder schien in seine eigene Richtung zu ziehen, und die kreative Energie, die sie zusammengebracht hatte, war nur noch ein Schatten von dem, was sie mal war.

In dieser unsicheren Zeit kam Paul ein alter Freund in den Sinn: Käpt'n Einauge, ein aufstrebender Songwriter, der immer gute Ideen und ein offenes Ohr hatte. Vielleicht könnte er ihm helfen, wieder kreativ zu werden. Also nahm Paul das Telefon in die Hand und wählte seine Nummer. „Hey Käpt'n Einauge, hier ist Paul! Hast du Zeit für ein Brainstorming? Könnte deine Hilfe echt gebrauchen", sagte er, als sein Freund abnahm.

„Na klar, Paul! Ich bin gleich da!", antwortete Käpt'n Einauge voller Enthusiasmus.

Kurze Zeit später war er in Pauls Studio, umgeben von Notizen, Schallplatten und der vertrauten kreativen Unordnung. Paul erzählte ihm von den Spannungen in der Band und seinem Wunsch, ein Lied zu schreiben, das Trost und Hoffnung bringen könnte. „Ich will, dass wir was schaffen, das die Leute inspiriert und ihnen durch schwere Zeiten hilft", meinte Paul und zupfte sanft an seiner Gitarre.

Käpt'n Einauge überlegte einen Moment. „Was hältst du davon, die Botschaft von Akzeptanz und Loslassen einzubringen? Manchmal müssen wir die Dinge einfach annehmen, wie sie sind."

Also legten sie los mit Jammen. Käpt'n Einauge brachte eine sanfte Melodie ein, während Paul die ersten Zeilen des Textes skizzierte. Die Stunden vergingen wie im Flug, während sie über Ängste, Herausforderungen und die Hoffnung sprachen, die in der Musik steckt. Es war eine schöne Erfahrung, und die kreative Energie zwischen ihnen vertrieb die Dunkelheit ein bisschen.

Als sie schließlich die Struktur des Liedes fertig hatten, fühlten sie sich erleichtert und zufrieden. „Das wird großartig", sagte Käpt'n Einauge mit einem breiten Grinsen. „Es wird den Leuten helfen, die ihre eigenen Kämpfe durchstehen."

Paul nickte. „Lass uns das den anderen zeigen. Vielleicht hilft es uns auch, unsere eigenen Konflikte zu klären."

Am nächsten Tag präsentierten sie ihr Lied den anderen Beatles. Es war ein Moment voller Nervosität, aber auch Hoffnung. Die anfängliche Skepsis verwandelte sich schnell in Begeisterung, als die Bandmitglieder die Kraft und die positive Energie des neuen Songs spürten.

„Das ist's! Das ist der Trost, den wir brauchen!", jubelte John. So wurde das Lied, das Paul und Käpt'n Einauge gemeinsam geschrieben hatten, zum Symbol für die Einheit und einen Neuanfang für die Beatles. Nicht nur half es ihnen, ihre Spannungen zu überwinden, sondern es inspirierte auch Millionen von Menschen, die in schweren Zeiten nach Trost suchten.

Let it be, let it be,
Let it be, let it be,
Whisper words of wisdom,
let it be

**Let It Be**

Song von John Lennon und Paul McCartney

In Zeiten der Sorgen erscheint mir Mutter Mary und
spricht kluge Worte:
„Lass es geschehen."
Sie flüstert mir leise zu: „Nimm es nicht so schwer,
lass es geschehen."
Wenn die vom Leben Gebrochenen sich
zusammenschließen, gibt es eine Antwort:
„Lass es geschehen."
Auch wenn sie voneinander getrennt sind, besteht die
Hoffnung, dass sie erkennen,
dass es eine Antwort gibt:
„Lass es geschehen."
Selbst wenn die Nacht voller Wolken ist,
leuchtet weiterhin ein Licht auf mich.
Strahle bis der Morgen bricht! „Lass es geschehen."
Ich erwache zum Klang von Musik,
und Mutter Mary erscheint erneut,
spricht ihre weisen Worte:
„Lass es geschehen."

Purple Rain

Käpt'n Einauge war zunächst perplex, als er den Brief des UN-Generalsekretärs öffnete. Er hatte nicht damit gerechnet, dass sein skurriler Antrag tatsächlich Beachtung finden würde. Der Generalsekretär hatte in seinem Schreiben anerkannt, dass die Idee, den Regen lila zu färben, zwar ungewöhnlich war, aber auch eine interessante Perspektive auf die Wahrnehmung von Natur und Emotionen bot. „Es ist bemerkenswert, wie Farben unsere Wahrnehmung beeinflussen können", schrieb der Generalsekretär. „Die Vorstellung, dass Regen lila sein könnte, regt zum Nachdenken an und eröffnet neue Möglichkeiten für Kreativität und Kunst." Käpt'n Einauge fühlte sich ermutigt. Vielleicht war sein Vorschlag nicht so absurd, wie er ursprünglich gedacht hatte. Er beschloss, eine Kampagne zu starten, um seine Idee weiter zu verbreiten. Mit Hilfe von sozialen Medien und verschiedenen Kunstplattformen begann er, Menschen dazu zu inspirieren, ihre eigenen Interpretationen von lila Regen zu kreieren. Er forderte Künstler auf, Gemälde, Gedichte und Musik zu schaffen, die die Emotionen und Gedanken widerspiegelten, die lila Regen hervorrufen könnte.

Die Reaktionen waren gemischt. Einige Menschen fanden die Idee faszinierend und begannen, an einer „Lila Regen"-Bewegung teilzunehmen, während andere sie als absurd abtaten. Doch je mehr Käpt'n Einauge sich engagierte, desto mehr Menschen schlossen sich seiner Vision an. Sie veranstalteten Straßenfeste, bei denen sie lila Farben verwendeten, um den Regenbogen nach einem Regen zu feiern und um die Vorstellung von lila Regen zu zelebrieren.

Als der UN-Generalsekretär von Käpt'n Einauge's wachsender Bewegung erfuhr, wurde er neugierig. Er lud Käpt'n Einauge zu einer Sitzung ein, um seine Idee weiter zu diskutieren. Käpt'n Einauge war aufgeregt und nervös, aber er wusste, dass er die

Gelegenheit nutzen musste, um die Schönheit und die Bedeutung von Farben in der Welt zu fördern.
In der Sitzung präsentierte er seine Vision mit Leidenschaft. Er sprach darüber, wie Farben unsere Emotionen beeinflussen und wie lila eine Mischung aus Ruhe und Kreativität darstellt. Er argumentierte, dass die Idee eines lila Regens eine Einladung an die Menschen sei, ihre Perspektive zu ändern und die Welt in einem neuen Licht zu sehen.
Die Diskussion war lebhaft, und während einige Delegierte skeptisch blieben, gab es auch viele, die von Käpt'n Einauge's Enthusiasmus angesteckt wurden. Am Ende der Sitzung wurde beschlossen, ein internationales Kunstprojekt zu starten, das die Idee von lila Regen aufgreifen und die Menschen dazu anregen sollte, ihre eigene Beziehung zu Farben und Natur zu erforschen.
Käpten Einauge wusste, dass er vielleicht nie den Regen tatsächlich lila färben könnte, aber er hatte etwas viel Wertvolleres erreicht: eine Bewegung, die Menschen dazu brachte, über die Schönheit der Welt und die Kraft der Vorstellungskraft nachzudenken.
Und das, so dachte er, war ein guter Anfang. Sein Freund Prince half ihm mit folgender Hymne:

91

**Purple Rain**
Song von Prince Rogers Nelson

Ich wollte dir niemals Kummer oder Schmerz bereiten.
Mein größter Wunsch war es, dich einmal im lila
Regen lachen zu sehen.
Lila Regen, lila Regen
ich wollte nur, dass du darin badest.
Ich hatte nie vor, dein Wochenendliebhaber zu sein.
Vielmehr wollte ich einfach ein guter Freund für dich
sein. Es tut mir leid, dass unsere Freundschaft enden
musste, denn ich könnte dich niemandem anderen
wegnehmen.
Lila Regen, lila Regen
ich wollte dich nur einmal darunter sehen.
Süße, ich weiß, dass sich die Zeiten ändern. Es wird
Zeit, neue Möglichkeiten zu erkunden – das gilt auch
für dich. Du sagst, du suchst jemand, der dir den Weg
zeigt, doch du scheinst unsicher zu sein. Vielleicht
wäre es besser, wenn du mich zum lila Regen führen
lässt.
Lila Regen, lila Regen
wenn ihr versteht, was ich meine, hebt eure Hände.
Lila Regen, lila Regen – alles, was ich will, ist, dich im
lila Regen zu sehen.

Killing Me Softly

Käpt'n Einauge war sowohl überrascht als auch traurig, als er die Nachricht von Scarlett Johansson bekam. Die Brieffreundschaft, die sich über Monate entwickelt hatte, war für ihn echt wichtig geworden. Scarlett hatte ihm von ihren Gefühlen, Sorgen und Freuden erzählt, und er hatte das Gefühl, dass sie eine besondere Bindung hatten.

In ihrem Brief erklärte sie, dass ihr Mann Colin Kelly Jost sich unwohl fühlte, weil sie so engen Kontakt zu jemandem hatte, den er nicht kannte. Scarlett betonte, dass es ihm nicht an Vertrauen mangelte – er wollte einfach eine andere Art von Beziehung zu ihr, die weniger von Außenstehenden beeinflusst war.

Käpt'n Einauge verstand das, auch wenn es ihm das Herz brach. Er wusste, dass Scarlett glücklich sein sollte und ihre Ehe an erster Stelle stand. Trotzdem vermisste er die tiefen Gespräche und die Möglichkeit, für sie da zu sein.

In seinem Antwortbrief schrieb Käpt'n Einauge, dass er ihre Entscheidung respektierte und ihr alles Gute für die Zukunft wünschte. Er bedankte sich für die tollen Erinnerungen, die sie geteilt hatten, und hoffte, dass sie eines Tages wieder in Kontakt kommen könnten, wenn die Umstände es erlaubten. Es war ein bittersüßer Abschied, aber Käpt'n Einauge wusste, dass echte Freundschaft auch bedeutete, die Wünsche und Bedürfnisse des anderen zu respektieren. Und so setzte er sich hin und schrieb in nur wenigen Minuten ein Lied:

Killing Me Softly
Song von Norman Gimbel, Charles Fox

Er drückt meinen Schmerz mit seinen Fingern aus,
besingt mein Leben mit seinen Worten,
nimmt mir sanft das Leben mit seinem Lied
und erzählt mit seinen Sätzen meine ganze
Geschichte,
tötet mich dabei sanft mit seinem Gesang.
Ich hörte, dass er ein wunderschönes Lied sang
und einen einzigartigen Stil hatte,
deshalb kam ich, um ihn zu sehen
und eine Weile zuzuhören.
Da stand er, dieser junge Mann,
ein Fremder für mich.
Er drückt meinen Schmerz mit seinen Fingern aus,
besingt mein Leben mit seinen Worten,
nimmt mir sanft das Leben mit seinem Lied,
erzählt meine ganze Geschichte mit seinen Sätzen
und tötet mich dabei sanft mit seinem Gesang.
Ich fühlte mich fiebrig,
schüchtern und klein in der Menge.
Es schien, als hätte er meine Briefe gefunden
und las jeden laut vor.
Ich wünschte, er würde aufhören,
aber er sang einfach weiter.
Er sang, als wüsste er von meiner dunklen
Verzweiflung und sah direkt durch mich hindurch,
als ob ich nicht existierte.
Doch er sang weiterhin klar und stark,
drückte meinen Schmerz aus,
ja, er sang von meinem Leben,
tötete mich sanft mit seinem Lied
und erzählte mit seinen Worten meine ganze
Geschichte,
tötete mich dabei sanft mit seinem Gesang.

Billie Jean

Käpt'n Einauge traf auf ein cooles Mädchen namens Anna, die sich von seinem Charme nicht so leicht umhauen ließ. Sie war selbstbewusst und hatte ihre eigenen Träume, die sie verfolgte. Anfänglich fand Käpt'n Einauge es spannend, dass sie ihn nicht sofort anbetete wie die anderen. Also beschloss er, mehr Zeit mit ihr zu verbringen, um herauszufinden, was sie so besonders machte.

Während ihrer gemeinsamen Lach- und Plauderrunden merkte Käpt'n Einauge, dass er sich in sie verliebte. Doch die Sorge nagte an ihm, dass seine Vergangenheit als Herzensbrecher der neuen Beziehung einen Strich durch die Rechnung machen könnte. Er wollte nicht, dass Anna nur ein weiteres Kapitel in seiner Geschichte wurde.

Eines Abends, als sie am Fluss saßen und die Sterne beobachteten, öffnete sich Käpt'n Einauge und gestand Anna seine Gefühle. Er erklärte ihr, dass er sich verändert hatte und bereit war, für sie zu kämpfen. Anna sah ihn an, und für einen kurzen Moment schien die Welt stillzustehen. Sie kannte seinen Ruf, spürte aber auch, dass er es ernst meinte.

„Ich glaube dir", sagte sie schließlich. „Aber du musst mir zeigen, dass du es wirklich ernst meinst. Das wird nicht einfach, aber ich bin bereit, es zu versuchen."

Ab diesem Tag nahm Käpt'n Einauge seine Sache ernst. Er ließ die anderen Mädels hinter sich und konzentrierte sich ganz auf Anna. Es war nicht leicht, denn alte Gewohnheiten ändern sich nicht von heute auf morgen. Doch mit jedem kleinen Schritt, den er für sie machte, wurde ihre Verbindung stärker.

Gemeinsam gingen sie durch Höhen und Tiefen, aber Käpt'n Einauge war fest entschlossen, nicht der Herzensbrecher zu sein, der er früher war. Nach Monaten des gemeinsamen Wachstums waren sie schließlich an einem Punkt angelangt, an dem sie bereit waren, sich ganz aufeinander einzulassen.

Käpt'n Einauge wollte Anna um keinen Preis verlieren. Sie war nicht einfach ein weiteres Abenteuer, sondern die Liebe seines Lebens. So machte er ihr an einem weiteren Abend unter dem Sternenhimmel einen Antrag – nicht mit einem Ring, sondern mit einem Versprechen: „Ich werde immer für dich da sein und dich nie enttäuschen."

Anna lächelte, und in diesem Moment wussten sie beide, dass sie zusammen einen Neuanfang wagen konnten, weit weg von den Schatten der Vergangenheit. Doch dann kam Billie Jean ins Spiel...

 **Billie Jean**
Song von: Michael Jackson

Sie erinnerte an eine Schönheitskönigin aus einem Film, und ich fragte einfach: "Warum nicht?" Doch ich konnte nicht verstehen, warum ich derjenige sein sollte, der auf der Tanzfläche tanzt.
Sie stellte sich als Billie Jean vor und zog sofort die Aufmerksamkeit aller auf sich. Die Menschen schauten sie mit träumerischen Augen an und wünschten sich, ebenfalls auf der Tanzfläche zu sein.
Immer wieder ermahnten mich andere, auf mein Verhalten zu achten und kein junges Mädchenherz zu verletzen. Auch meine Mutter hatte mir geraten, vorsichtig zu sein, wen ich liebe, denn eine Lüge könnte zur Wahrheit werden.
Billie Jean ist nicht meine Geliebte. Sie behauptet, ich sei der Vater ihres Kindes, doch das Kind ist nicht meins. Sie sagt, ich sei der Vater, aber das Kind gehört nicht zu mir.
Der Rechtsstreit zog sich über vierzig Tage und Nächte – immer auf ihrer Seite. Doch wer kann dem Druck widerstehen, wenn sie so begehrt ist, mit all ihren Plänen und Absichten? Schließlich standen wir im Mittelpunkt der Aufmerksamkeit. Daher mein dringender Rat: Denke immer sorgfältig nach.
Sie erzählte meiner Freundin, dass wir bis drei Uhr getanzt hätten. Dann sah sie mich an und zeigte ein Foto, das meine Geliebte zu Tränen rührte. Ihre Augen erinnerten mich an meine (oh nein). Denn wir tanzten im Mittelpunkt der Aufmerksamkeit. Die Leute hatten stets gesagt, ich solle vorsichtig sein mit meinen Taten und kein junges Mädchenherz brechen.
Sie kam einfach auf mich zu, und der süße Duft ihres Parfums lag in der Luft. Es ging alles so schnell, und sie lud mich ein, zu ihr in das Zimmer zu kommen.

97

Candle in the Wind

Käpt'n Einauge war richtig begeistert von Marilyn Monroe! Schon in seiner Jugend hat er ihre Filme rauf und runter geschaut. Ihre Schönheit und ihr Charisma haben ihn einfach gefesselt. Eines Tages saß er in einem kleinen Café in London und hörte, wie ein unbekannter Musiker in der Ecke Gitarre spielte.
Die Melodie war echt berührend, und Käpt'n Einauge musste einfach zuhören. Als der letzte Akkord verklungen war, klatschte er begeistert. Der Musiker, ein junger Mann mit einem netten Lächeln, schaute auf und lächelte zurück: „Danke! Freut mich, dass dir die Musik gefällt!"
„Ich bin Käpt'n Einauge", sagte er und setzte sich neben den Musiker. „Deine Melodie hat etwas Magisches. Bist du ein Profi?"
„Noch nicht", meinte der Musiker bescheiden. „Ich spiele einfach für die Leute, die vorbeikommen. Musik ist meine Leidenschaft. Ich arbeite gerade an einem neuen Lied."
„Was inspiriert dich?", fragte Käpt'n Einauge neugierig. „Ich finde, Musik erzählt oft Geschichten."
Der Musiker strahlte. „Ich bin ein großer Fan von Marilyn Monroe! Ihre Filme und Lieder haben eine Art, Emotionen auszudrücken, die mich faszinieren. Ich möchte ein Lied schreiben, das ihr gewidmet ist."
„Wow, ich auch! Ihre Stärke und Verletzlichkeit sind einzigartig. Das ist ein tolles Thema!", rief Käpt'n Einauge begeistert.
Die beiden konnten über Marilyns Filme, ihre besten Szenen und unvergesslichen Zitate plaudern. Sie erzählten sich Geschichten und fanden schnell eine tiefere Verbindung zueinander.
„Ich habe da eine Idee für den Refrain", meinte der Musiker schließlich. „Etwas, das die Essenz von Marilyn einfängt – ihre Träume und Kämpfe."
Käpt'n Einauge nickte energisch. „Lass uns zusammenarbeiten! Ich habe ein paar Ideen für den Text, die vielleicht helfen."

In den nächsten Stunden saßen sie zusammen und arbeiteten am Lied. Sie schrieben Zeilen über Marilyns ikonische Momente, Sehnsucht nach Liebe und das Streben nach Glück. Es wurde eine Hommage an die Frau, die so viele Herzen berührt hat.

Als die Sonne unterging und die Lichter des Cafés leuchteten, war das Lied fertig. Der Musiker, der sich als Elton vorgestellt hatte, spielte die Melodie und sang den Text mit einer Leidenschaft, die Käpt'n Einauge echt berührte. „Das wird ein Hit!", rief er begeistert, als Elton die letzten Töne anstimmte. „Ich kann es mir schon vorstellen, wie die Leute drauf reagieren!"

„Danke, Käpt'n Einauge. Es fühlt sich an, als hätten wir was Besonderes geschaffen", sagte Elton und lächelte.

Die Zeit verging, und das Lied, das sie zusammengeschrieben hatten, wurde tatsächlich ein weltweiter Hit. „Candle in the Wind" eroberte die Herzen der Menschen und weckte Erinnerungen an die legendäre Schauspielerin.

Käpt'n Einauge war stolz, Teil dieses kreativen Prozesses gewesen zu sein. Er hatte nicht nur einen neuen Freund gewonnen, sondern auch zu einem Lied beigetragen, dass die Schönheit und Komplexität von Marilyn Monroe gefeiert hat.

Candle in the Wind
Song von: Elton John und Bernie Taupin,

Leb wohl, Norma Jean.
Obwohl ich dich nicht persönlich kannte, hast du es
geschafft, dir selbst treu zu bleiben,
trotz der Menschen um dich herum.
Sie traten aus den Schatten und flüsterten dir ins Ohr,
drängten dich in den Alltag und beeinflussten deinen
Namen.
Es scheint, als hättest du dein Leben wie eine Kerze
im Wind gelebt – unwissend, wohin du dich wenden
solltest, wenn der Regen fiel.
Ich hätte gerne die Gelegenheit gehabt, dich
kennenzulernen,
aber zu dieser Zeit war ich noch ein Kind.
Dein Licht erlosch,
lange bevor deine Legende wirklich begann.
Die Einsamkeit war erdrückend, es war die schwerste*
Rolle, die du je gespielt hast.
Hollywood machte dich zum Superstar, doch dein
Leid war der Preis, den du zahlen musstest.
Selbst nach deinem Tod
ließ die Presse dir keine Ruhe.
Alles, worüber die Zeitungen berichteten, war,
dass du nackt aufgefunden wurdest.
Leb wohl, Norma Jean.
Obwohl ich dich nicht kannte, warst du stark genug,
dir selbst treu zu bleiben,
trotz der Menschen um dich herum.
Leb wohl, Norma Jean,
vom Mann in der 22. Reihe,
der in dir mehr sieht als nur das Physische – mehr als
nur unsere Marilyn Monroe.
Dein Licht erlosch, lange bevor deine Legende
Wirklichkeit wurde.

Like a Rolling Stone

Es war ein kühler Abend, als der junge Bob in seinem Zimmer saß. Das Licht war gedämpft und die Wände zierten Poster seiner Lieblingsbands. Er hatte sich vorgenommen, ein neues Lied zu schreiben, und war sich sicher, dass die besten Ideen oft im Austausch mit seinem besten Freund entstanden. Also nahm er sein Telefon und wählte die Nummer von Käpt'n Einauge.

„Hey Bob! Was gibt's Neues?" begrüßte ihn der Käpt'n mit seiner gewohnten, fröhlichen Stimme.

„Ich arbeite an einem neuen Lied und brauche deine Meinung. Es handelt von einer Frau aus einer wohlhabenden Familie, die auf der Straße landet. Ich möchte die Geschichte aus der Perspektive eines Außenstehenden erzählen", begann Bob.

„Klingt spannend! Was hast du bisher?" fragte Käpt'n Einauge neugierig.

Bob dachte kurz nach und erzählte dann: „Stell dir vor, sie wandert durch die Stadt. Ihre Designerklamotten sind abgetragen, und die Leute sehen nur ihr Äußeres. Sie hat alles verloren, aber in ihrem Inneren trägt sie noch die Erinnerungen an ihre privilegierte Kindheit."

„Wow, das ist tiefgründig", antwortete der Käpt'n. „Ich kann mir die Bilder richtig vorstellen. Und wie sieht der Refrain aus?"

„Ich dachte an eine Metapher: ‚Ein rollender Stein setzt kein Moos an'. Das beschreibt ihren Lebensstil – sie ist ständig in Bewegung, hat keine Wurzeln und findet keinen Platz in der Gesellschaft. Der Vergleich mit einem Landstreicher zeigt, dass sie trotz ihrer Vergangenheit keine Ruhe findet", erklärte Bob.

„Das ist genial! Die Metapher hat viel Bedeutung", sagte Käpt'n Einauge begeistert. „Es wird deutlich, dass sie vor ihrer Vergangenheit und vor sich selbst flieht. Der Hörer wird mit ihr mitfühlen."

Bob spürte, wie die Kreativität in ihm gedieh. „Ich möchte, dass die Menschen über ihre Geschichte nachdenken, über die Unterschiede zwischen den

Schichten und wie schnell sich das Leben verändern kann."
„Auf jeden Fall! Vielleicht könntest du auch eine Szene einfügen, in der sie anderen Obdachlosen begegnet und deren Geschichten hört. Das könnte zeigen, dass sie nicht alleine ist und jeder seine eigene Vergangenheit hat", schlug Käpt'n Einauge vor.
„Das ist eine tolle Idee! Ich werde das einbauen", sagte Bob, während die Ideen nur so aus ihm heraus sprudelten. „Ich kann es kaum erwarten, es dir vorzuspielen, wenn es fertig ist."
„Ich freue mich schon darauf! Und vergiss nicht, die Emotionen einzufangen. Das wird das Lied unvergesslich machen", ermutigte ihn Käpt'n Einauge. Nachdem sie noch eine Weile über Details und Melodien gesprochen hatten, verabschiedeten sich die beiden Freunde. Bob legte auf und fühlte sich voller Energie. Die Gedanken an die Frau, die einst alles hatte und jetzt auf der Straße lebte, kreisten in seinem Kopf. In der Stille seines Zimmers begann er zu schreiben, inspiriert von der Geschichte einer verlorenen Seele und der Metapher, die durch das Lied führen würde.

 **Like a Rolling Stone**
Song von Bob Dylan

Früher warst du stilvoll gekleidet und hast großzügig den Bedürftigen einen Dime gegeben, oder? Die Leute warnten dich: "Vorsicht, pass auf, dein Glück könnte sich wenden!" Doch du hast gedacht, dass sie nur Spaß machen.

Du hast über die gelacht, die nichts anderes zu tun hatten, aber jetzt ist deine Selbstsicherheit verschwunden. Es scheint, als ob dir der Stolz fehlt, um dir dein nächstes Essen zu erbetteln.

Wie fühlt es sich an? Wie ist es, obdachlos zu sein? Wie eine Fremde, die aus ihrem Leben gerissen wurde? Du warst vielleicht auf der besten Schule, einsame Dame, aber dort hast du nur gefeiert. Niemand hat dir beigebracht, wie man auf der Straße überlebt, und jetzt trägst du die Konsequenzen.

Du hast gesagt, dass du dich niemals mit den geheimnisvollen Herumtreibern abgeben würdest, doch jetzt merkst du, dass er dich durchschaut. Wenn du in die Leere seiner Augen schaust und ihn fragst: "Willst du ein Geschäft machen?", wie fühlt sich das an?

Du hast nie darauf geachtet, wie die Gesichter von Jongleuren und Clowns aussehen, während sie ihre Kunststücke für dich vorführen. Du hast nie verstanden, dass es nicht in Ordnung ist, andere für deine eigenen Fehler leiden zu lassen.

Du bist immer auf deinem glänzenden Pferd geritten, mit deinem Diplomaten, der eine Siamkatze auf der Schulter hatte. Ist es nicht schwer zu akzeptieren, dass er nicht so beeindruckend war, wie du dachtest, nachdem er dich ausgenutzt hat?

Wie fühlt sich das an? Als Prinzessin auf der Erbse, umgeben von all den Schönen, die trinken und denken, sie hätten es geschafft. Sie tauschen teure Geschenke aus, während du besser deinen Diamantring verpfänden solltest.

Du hast immer über den in Lumpen gekleideten Napoleon gelacht. Gehe jetzt zu ihm, er ruft dich; du kannst nicht ablehnen. Wenn du nichts mehr hast, gibt es auch nichts mehr zu verlieren. Du bist jetzt unsichtbar und hast keine Geheimnisse mehr, die du wahren musst.

Wie fühlt sich das an?

103

Imagine

Käpt'n Einauge war ein typischer Pirat, der das raue Meer und die ungestümen Wellen liebte. Sein Leben war voll von Abenteuern, Kämpfen und der Jagd nach Reichtum. Er war bekannt für seinen Mut und sein ungebändigtes Wesen, und sanfte Worte waren ihm völlig fremd. Doch eines Tages, auf dem Weg nach Liverpool, sollte sich alles ändern.

In Liverpool waren die Kneipen laut und lebhaft, voll mit Lachen und Musik. Käpt'n Einauge ging in eine dieser Kneipen, sein Blick war scharf und voller Misstrauen. Als er an der Bar Platz nahm, bemerkte er einen Mann in der Ecke, der anscheinend mit den wenigen anderen Gästen sprach. Der Mann war einfach gekleidet, aber seine Ausstrahlung war besonders. Er sprach mit so viel Leidenschaft, dass er die Anwesenden in seinen Bann zog.

„Freunde!", rief der Mann mit eindringlicher Stimme. „Wir leben in einer Welt voller Hass und Vorurteile. Warum sollten wir zwischen Christen, Juden oder Moslems unterscheiden? Wir sind alle Menschen, die nach Frieden und Liebe streben!"

Käpt'n Einauge, der sonst für solche Reden kein Ohr hatte, hörte plötzlich ganz aufmerksam hin. Es fühlte sich an, als ob ein unsichtbares Band ihn zu dem Mann hingezogen hätte. Der Pirat war verwirrt, aber irgendetwas in den Worten des Mannes berührte ihn.

„Was verstehst du von der Welt, die du dir wünschst?", fragte Käpt'n Einauge schließlich, seine raue Stimme durchbrach die Stille im Raum.

Der Mann lächelte sanft. „Ich glaube daran, dass Menschlichkeit in uns allen steckt. Wir müssen lernen, uns gegenseitig zu respektieren und zu lieben, egal wie unterschiedlich wir sind. Ich träume von einer Welt, in der wir zusammenarbeiten, um Frieden und Harmonie zu schaffen."

Käpt'n Einauge schnaufte. „Du redest von Frieden, als wäre das einfach. In meinem Leben galt das Gesetz des Stärkeren. Für solche Illusionen hatte ich nie Platz."

„Aber das ist genau das, was nötig ist, mein Freund", entgegnete der Mann. „Frieden zu schaffen ist hart, aber durchaus möglich. Es beginnt mit einem einzigen Schritt: dem Verständnis und der Akzeptanz des Anderen. Jeder von uns kann einen Unterschied machen, egal wie klein."

Käpt'n Einauge dachte nach. Die Vorstellung, dass ein Pirat wie er zur Veränderung beitragen könnte, erschien völlig absurd, und dennoch spürte er ein sich regendes Gefühl in seinem Inneren. „Und was ist mit den Kämpfen, die wir führen? Was ist mit dem Überleben?"

„Kämpfe sind oft nur Ausdruck von Angst und Missverständnissen", erklärte der Mann. „Wenn wir lernen, einander zu vertrauen, können wir Konflikte vermeiden. Frieden bedeutet nicht, dass es keine Kämpfe gibt, sondern dass wir sie auf eine Weise lösen, die niemandem schadet."

Die Worte des Mannes hallten in Käpt'n Einauge's Kopf wider. Er hatte in seinem Leben viel Unrecht getan, und die Idee, dass es einen anderen Weg gab, war neu und beängstigend. „Und wenn ich scheitere?"

„Scheitern gehört zum Lernen", antwortete der Mann. „Wichtig ist nicht, wie oft wir fallen, sondern wie oft wir wieder aufstehen. Jeder Versuch, Frieden zu schaffen, hat Wert."

In diesem Moment wurde Käpt'n Einauge klar, dass er vielleicht nicht der gnadenlose Pirat sein musste, für den er sich sein ganzes Leben lang gehalten hatte. Vielleicht gab es einen Weg, der über Raub und Gewalt hinausführte.

„Ich denke darüber nach", sagte er schließlich und stand auf. „Vielleicht kann ich mehr sein als nur ein Pirat."

Der Mann nickte zustimmend. „Das ist der erste Schritt, Käpt'n Einauge. Jeder von uns kann die Welt verändern. Lass uns gemeinsam an einer besseren Zukunft arbeiten."

Mit diesen Worten im Ohr verließ Käpt'n Einauge die Kneipe, während die Nacht über Liverpool hereinbrach. Die frische Meeresbrise umhüllte ihn, und beim Gehen durch die Dunkelheit spürte er, dass sich in seinem Herzen etwas veränderte. Der Pirat nahm einen neuen Kurs ein, und die sanften Töne der Menschlichkeit fingen an, in ihm zu erklingen. Und die klangen so:

Imagine
Song von: John Lennon

Stell dir vor, es gibt kein Himmelreich. Es ist ganz einfach, wenn du es versuchst. Es gibt weder Hölle noch Himmel über uns, sondern nur diesen Moment. Stell dir vor, alle Menschen leben im Hier und Jetzt. Denk daran, es gibt keine Länder – das ist nicht schwer, es sich vorzustellen. Es gibt keinen Grund zu töten oder zu sterben, und keine Religionen. Stell dir vor, alle Menschen leben in Frieden.
Vielleicht denkst du, ich sei ein Träumer, aber ich bin nicht allein. Ich hoffe, dass auch du eines Tages zu uns stößt und die Welt als Einheit erlebst.
Stell dir vor, es gibt keinen Besitz mehr. Kannst du dir das vorstellen? Es gibt keinen Platz für Gier oder Hunger, nur eine Menschheit, die in Brüderlichkeit zusammenlebt.
Denk daran, alle Menschen teilen sich die Erde.
Vielleicht hältst du mich für einen Träumer, doch ich bin nicht allein. Ich hoffe, eines Tages wirst du auch zu uns gehören, und die ganze Welt wird eins sein.

Ring of Fire

Käpt'n Einauge fuhr mit seinem alten Pickup durch die charmanten Straßen von Kingsland, Arkansas. Er hatte beschlossen, für ein halbes Jahr das Meer hinter sich zu lassen. Die Sonne brannte auf die staubige Straße, und der leckere Duft von frisch gegrilltem Fleisch hing in der Luft. Da er ein angesagtes Western-Restaurant besuchen wollte, das für sein Barbecue bekannt war, machte er einen Stopp. Als er das Restaurant betrat, spürte er gleich die angenehme Stimmung. Holztische und Stühle, rustikale Deko und das Lachen der Leute trugen zur gemütlichen Atmosphäre bei. In einer Ecke saß ein junger Typ mit Cowboyhut, der auf seiner Gitarre klimperte und Country-Songs spielte. Käpt'n Einauge setzte sich an die Bar und bestellte sich ein großes Stück Rippchen. Während er sein Essen genoss, fiel ihm auf, dass der Musiker ein Lied spielte, das er kannte. Er lächelte und klatschte in die Hände, als der junge Mann den Song beendet hatte. „Das war großartig!", rief Käpt'n Einauge. Der Musiker, der sich als Johnny vorstellte, erwiderte das Lächeln. „Danke, Kumpel! Ich spiele hier oft. Gutes Barbecue und die richtige Musik sind das Beste, oder?"
„Definitiv!", bejahte Käpt'n Einauge. „Ich bin gerade auf einer Reise durch Arkansas und hab gehört, dass hier der beste Platz für Barbecue ist. Was kannst du mir empfehlen?"
Johnny grinste und legte seine Gitarre kurz beiseite. „Die Rippchen hier sind legendär, aber das Flanksteak solltest du auch probieren! Und die Beilagen? Der Kartoffelsalat und die Bohnen sind einfach himmlisch!"
Käpt'n Einauge nickte begeistert. „Ich habe die Rippchen schon bestellt, aber jetzt bin ich neugierig auf die anderen Sachen. Barbecue hat echt seine eigene Kultur, oder?"
„Auf jeden Fall!", antwortete Johnny. „Jeder Bundesstaat hat seinen eigenen Stil. Hier in Arkansas lieben wir unsere Rippchen mit einer süßen,

107

rauchigen Sauce. Und die Musik? Die ist genauso vielfältig! Von Country und Bluegrass bis hin zu Blues – jeder hat seinen eigenen Stil, das macht es so besonders."

„Ich liebe diese Musik" sagte Käpt'n Einauge. „Jedes Lied erzählt von Liebe, Verlust und dem einfachen Leben. Hast du einen Lieblingssong?"

Johnny überlegte kurz. „Es gibt so viele tolle Lieder, aber 'Take Me Home, Country Roads' von John Denver hat einen besonderen Platz in meinem Herzen. Es erinnert mich an Freiheit und die Schönheit des Landlebens."

„Ein echter Klassiker!", rief Käpt'n Einauge. „Ich kann es kaum erwarten, den live zu hören. Spielst du ihn manchmal?"

„Klar, kann ich dir gleich vorspielen", antwortete Johnny und schnappte sich seine Gitarre. Die ersten Töne erklangen und die Gäste im Restaurant hörten gespannt zu. Käpt'n Einauge schloss die Augen und ließ sich von der Musik treiben.

Als Johnny das Lied beendet hatte, gab es begeisterten Applaus. „Das war fantastisch!", rief Käpt'n Einauge. „Du hast echt Talent!"

„Danke, Mann!", sagte Johnny bescheiden. „Musik ist meine Leidenschaft und es macht Spaß, sie mit anderen zu teilen. Wenn du noch Zeit hast, bleib ruhig etwas länger. Ich spiele noch ein paar Lieder."

Käpt'n Einauge nickte erfreut. „Ich bleibe gerne. Und vielleicht kann ich dir ein paar Geschichten von meinen Reisen erzählen."

So verbrachten Käpt'n Einauge und Johnny den Abend in Kingsland, umgeben von leckerem Barbecue und den Klängen der Westernmusik. Zwei Seelen, die durch ihre Liebe zur Musik und gutem Essen verbunden waren, genossen die kleinen Freuden des Lebens und schufen Erinnerungen, die sie nie vergessen würden. Und Johnny begann den nächsten Song:

Ring of Fire
Song von: June Carter und Merle Kilgore

Die Liebe ist ein leidenschaftliches Gefühl,
dass einen intensiven Kreislauf erzeugt.
Von starkem Verlangen ergriffen,
befand ich mich in diesem feurigen Kreislauf.
Ich stürzte in einen brennenden Ring aus Feuer,
fiel immer wieder zu Boden,
während die Flammen höher züngelten. Und er
brennt, brennt, brennt,
der Feuerring,
Der Geschmack der Liebe ist süß,
wenn Herzen wie unsere aufeinanderprallen.
Ich bin dir erlegen wie ein Kind,
doch das Feuer geriet außer Kontrolle.

Born in the U.S.A.

Es war ein schöner Abend, Käpt'n Einauge und sein Freund Bruce saßen auf einer kleinen Bank im Park. Die Sonne war hinter den Hügeln verschwunden, und der Himmel strahlte in sanften Pastellfarben. Käpt'n Einauge, ein Mann mit dunklem Haar und einem herzlichen Lächeln, schaute nachdenklich auf den Weg, während Bruce, ein großer Kerl mit einem offenen Gesicht, neben ihm Platz genommen hatte.

„Weißt du, ich bin auf Kreta geboren", begann Käpt'n Einauge und wandte sich an Bruce. „Die Sonne, das Meer und die alten Ruinen – das ist wirklich meine Heimat. Irgendwie hat diese Insel etwas Magisches, das mich immer wieder zurückzieht."

Bruce nickte interessiert. „Kreta klingt fantastisch! Ich bin in einem kleinen Städtchen in Texas aufgewachsen. Ist zwar ganz anders als bei dir, aber auch dort gibt es eine besondere Art von Schönheit. Die endlosen Weiten der Prärie, die warmen Abende und die vielen Sterne, die am Himmel funkeln."

„Das klingt toll", sagte Käpt'n Einauge mit einem Lächeln. „Was vermisst du am meisten, wenn du an Texas denkst?"

Bruce überlegte kurz. „Ich glaube, die Leute. Da kennt jeder jeden, und es gibt so eine Art Gemeinschaft, die ich vermisse. Und das Essen! Nichts kann ein richtig gutes Barbecue unter freiem Himmel toppen."

Käpt'n Einauge lachte. „Kann ich mir gut vorstellen! Auf Kreta haben wir auch leckeres Essen, frischen Fisch und das beste Olivenöl, das man sich vorstellen kann. Wenn ich an meine Kindheit denke, kommen mir die langen Familienessen in den Sinn, die einfach nicht enden wollten."

„Familie ist echt wichtig", stimmte Bruce zu. „In den USA geht das manchmal im ganzen Stress des Alltags verloren, aber die Erinnerungen an die gemeinsamen Abende bleiben. Ich denke, das ist es, was Heimat ausmacht – die Menschen und die Erinnerungen, die wir mit ihnen haben."

„Genau", meinte Käpt'n Einauge und betrachtete die untergehende Sonne. „Heimat ist nicht nur ein Ort, sondern auch ein Gefühl. Es ist die Verbindung zu unseren Wurzeln, zu den Traditionen und Geschichten, die uns ausmachen."

„Und die Landschaft", fügte Bruce hinzu. „Die Natur um uns herum erinnert uns an unsere Kindheit. Ich kann mir vorstellen, dass die Küste Kretas atemberaubend ist. Ich würde gerne mal hinreisen."

„Du bist jederzeit herzlich eingeladen!", rief Käpt'n Einauge begeistert. „Ich zeig dir die besten Orte – die versteckten Strände und die kleinen Tavernen, wo die Einheimischen essen."

Bruce lächelte. „Das klingt nach einem tollen Plan. Und vielleicht kann ich dir die Weiten von Texas zeigen, mit all den endlosen Straßen und der unberührten Natur."

Die beiden Männer schauten sich an und spürten, wie sich eine Freundschaft aufbaute, die über ihre unterschiedlichen Herkunftsorte hinausging. In der ruhigen Atmosphäre des Parks hatten sie ein Stück Heimat gefunden – in den Geschichten und Erinnerungen, die sie teilten.

Der Abend wurde dunkler, und die ersten Sterne funkelten am Himmel. Käpt'n Einauge und Bruce saßen eine Weile schweigend da, jeder in seinen Gedanken verloren, aber verbunden durch die Erkenntnis, dass Heimat überall dort zu finden ist, wo man sich wohl fühlt. Dann holte Bruce seine Gitarre hervor und begann zu spielen:

 **Born in the U.S.A.**
Song von: Bruce Springsteen

Ich wurde in einem kleinen Provinzort geboren und hatte von Anfang an einen schwierigen Lebensstart. Im Laufe der Zeit fühlt man sich oft wie ein geschlagener Hund und verbringt viel Zeit damit, die eigenen Erfahrungen zu verarbeiten. Ich bin in den USA geboren.

In meiner Heimatstadt sah ich mich mit großen Herausforderungen konfrontiert. Das führte dazu, dass man mir eine Waffe gab und mich in ein fremdes Land schickte, um den „Gelben Mann" zu bekämpfen. Ich bin in den USA geboren.

Als ich zurückkehrte, wollte ich in einer Ölraffinerie arbeiten, doch der Personalchef meinte nur: „Mein Sohn, wenn ich entscheiden könnte ...". Also wandte ich mich an meinen Veteranenbetreuer, der mir entgegnete: „Mein Sohn, verstehst du denn nichts?" Ich bin in den USA geboren. Ich hatte einen Bruder, der in Khe Sanh gegen den Vietkong kämpfte. Den Vietkong gibt es immer noch, meinen Bruder jedoch nicht mehr. Er hinterließ eine Frau in Saigon, die er geliebt hat, und das Einzige, was ich noch von ihm habe, ist ein Foto, das ihn glücklich mit ihr zeigt.

Ob im Schatten des Gefängnisses oder draußen bei den Lichtern der Raffinerie – ich habe seit zehn Jahren viel Zeit auf der Straße verbracht. Es gibt keinen Ort, wohin ich fliehen oder wo ich hingehen könnte.

Ich bin in den USA geboren. Ich bin ein abgehalfterter, alter Mann in den USA. Ich bin in den USA geboren. Ich bin ein cooler, rockiger Vater in den USA.

112

The Sound of Silence

Es war ein ruhiger Nachmittag, als Käpt'n Einauge durch einen Wald schlenderte, in dem die die Äste der Bäume sanft hin und her schaukelten und das Licht der untergehenden Sonne durch die Blätter funkelte. Auf einem umgestürzten Baumstamm saß ein alter Philosoph mit schneeweißem Bart und funkelnden Augen. Der Käpt'n, neugierig und voller Fragen, näherte sich ihm.

„Hey, weiser Mann!", begann er. „Ich habe gehört, dass Schweigen Silber und Reden Gold ist. Was hältst du davon?"

Der Philosoph schmunzelte und strich über die raue Oberfläche des Baumstamms. „Das ist ein spannendes Thema, mein Freund. Schweigen kann oft den tieferen Sinn des Verstehens vermitteln. In der Stille nehmen wir die Welt um uns herum viel besser wahr."

„Aber was ist mit dem Reden?", fragte Käpt'n Einauge. „Worte haben viel Macht. Sie können jemanden aufbauen, trösten und verbinden. Ist das nicht wertvoller als Schweigen?"

„Das stimmt", nickte der Philosoph. „Worte sind wie Wasser – sie können heilen oder ertränken. Sie können Brücken bauen oder Mauern errichten. Oft sind die Dinge, die wir nicht sagen, sogar bedeutender als das, was wir aussprechen."

Käpt'n Einauge dachte kurz nach. „Aber wenn wir nie reden, wie können wir dann unsere Gedanken und Gefühle mitteilen?"

„Genau das ist der Punkt", antwortete der Philosoph. „Es geht nicht nur ums Reden, sondern darum, was wir mit unseren Worten bewirken wollen. Manchmal ist es schlauer, still zu sein und zuzuhören. In der Stille können wir die Gedanken anderer erfassen, bevor wir unsere eigenen äußern."

„Also geht es um ein Gleichgewicht?", fragte der Käpt'n. „Führt es nicht zu Missverständnissen, wenn wir nur auf das Schweigen setzen?"

„Ja, das ist richtig", sagte der Philosoph. „Das Leben ist ein Austausch von Schweigen und Reden. Es gibt Momente, in denen wir Worte brauchen, um die Stille zu brechen, und andere, in denen die Stille wichtig ist, um die Tiefe unserer Gedanken zu begreifen.

„Es ist eine Kunst, den richtigen Moment zu erkennen." Der Käpt'n nickte nachdenklich und ließ die Worte des Weisen wirken. „Ich verstehe. Es geht nicht nur darum, was wir sagen oder nicht sagen, sondern auch um die Art, wie wir es tun."

„Ganz genau", antwortete der Philosoph und schaute in die untergehende Sonne. „In der Stille entdecken wir oft die Antworten, nach denen wir suchen. Und die Worte, die wir wählen, haben die Kraft, die Welt um uns herum zu verändern."

Käpt'n Einauge wusste, dass er an diesem Nachmittag viel gelernt hatte. Sowohl Schweigen als auch Reden hatten ihren Platz im Leben. Und so saßen sie unter dem sanften Licht der Dämmerung, während die Stille um sie herumsprach und die Worte in der Luft schwebten.

An diesem Tag schrieb Käpt'n Einauge folgendes Lied:

The Sound of Silence
Song von Paul Simon

Hallo Dunkelheit, mein Freund,
lass uns sprechen. Hast du Zeit?
In der Nacht hatte ich eine Vision,
die sich heimlich zu mir schlich, wie früher.

Sie blieb mir im Gedächtnis,
unvergänglich:
im Klang der Stille.
In düsteren Träumen, ganz allein,
wanderte ich durch labyrinthartige Gassen aus Stein,
beleuchtet vom schwachen Licht der Straßenlampen.
Ich zog den Kragen hoch vor mein Gesicht,
als ein grelles Neonlicht mir ins Auge stach,
hell wie der Tag.
Es durchbrach den Klang der Stille.
Im grellen Licht sah ich viele Menschen,
zehntausend oder mehr.
Sie sprachen ohne Worte,
hörten ohne Geräusche
und schufen Lieder, die nie gesungen wurden, denn
ihr Klang störte den Klang der Stille.
„Ihr Narren," rief ich ihnen zu,
„wie ein Krebs wächst diese Ruhe!
Hört auf mich, schließt die Türen nicht,
nehmt meine Hand, ich kann euch führen!"
Doch meine Worte sanken wie lautlose Tropfen
und hallten in den Tiefen der Stille wider.
Diese Menschen knien dann,
beten Neongötter an.
Ein Schriftzug blinkt von den Wänden,
um ihre Botschaft zu verbreiten.
Und ich sehe die Worte der Propheten an der Wand,
eingebrannt.
Hört sie im Klang der Stille!

Die alten Freunde

Käpt'n Einauge saß in seiner kleinen Wohnung und um ihn herum schwirrten Erinnerungen wie Schatten an den Wänden. Die Nachricht vom Tod seines besten Freundes Thomas traf ihn wie ein Schlag ins Gesicht. Es war, als würde der Boden unter seinen Füßen wegrutschen. Fünfzig Jahre voller Freundschaft, Abenteuer, Lachen und auch mal Tränen – all das war plötzlich in einem Augenblick wie weggeblasen.

Er dachte an die vielen Nächte zurück, die sie zusammen verbracht hatten, an die Gespräche über ihre Träume und Ängste, und an die verrückten Abenteuer ihrer Jugend. Sie hatten sogar mal um das Herz einer Frau gefightet. Am Ende hatte Thomas den Zuschlag bekommen, aber Käpt'n Einauge hatte nie wirklich nachtragend sein können. Er sah ihn einfach immer wie einen Bruder und die gemeinsame Liebe zu dieser Frau hatte sie nur noch enger zusammengeschweißt.

Jetzt, wo Thomas nicht mehr da war, fühlte sich Käpt'n Einauge verloren. Die Erinnerungen an ihre Reisen, die tiefgründigen Gespräche und die kleinen Freuden des Lebens erdrückten ihn regelrecht.

Tränen liefen ihm über die Wangen, während er an all die Momente dachte, in denen sie zusammen gelacht hatten, als sie dachten, die Zeit würde niemals enden. Er stand auf und ging zum Fenster. Draußen pulsierte das Leben; die Leute hasteten vorbei, lachten, schnatterten und lebten fröhlich weiter. Doch für Käpt'n Einauge war alles still geworden. Er fühlte sich wie der Hauptdarsteller in einem Film, in dem niemand die Tragödie begriff, die sich in seinem Herzen abspielte.

Die Tage vergingen und die Trauer um Thomas wurde zu einem ständigen Begleiter. Käpt'n Einauge fand etwas Trost in ihren gemeinsamen Erinnerungen und begann, ein Tagebuch zu führen. Er wollte die Geschichten festhalten – all die Abenteuer, die Freundschaft, die Liebe, die sie geteilt hatten. So blieb

Thomas irgendwie am Leben und die Verbindung zwischen ihnen blieb bestehen.

Eines Nachts, während er in seinem Tagebuch stöberte, fiel ihm ein Zettel in die Hände, den Thomas ihm mal gegeben hatte. Es war ein Zitat aus einem Gedicht, das sie beide liebten: „Die Liebe bleibt, auch wenn die Zeit vergeht." Ein kleines Lächeln huschte über sein Gesicht, trotz der Tränen. Es war wahr, die Liebe und die Erinnerungen würden niemals verschwinden. Thomas würde immer ein Teil von ihm sein.

Mit der Zeit lernte Käpt'n Einauge, mit dem Verlust klarzukommen. Er fing an, die Geschichten über Thomas nicht nur in sein Tagebuch zu schreiben, sondern auch mit Freunden zu teilen. Er wollte, dass alle wussten, wie großartig sein Freund war. Die Trauer verwandelte sich allmählich in Dankbarkeit und er fand Frieden im Wissen, dass ihre Freundschaft die Zeit überdauern würde.

Käpt'n Einauge wusste, dass er seinen Freund nie vergessen würde. Er würde immer an ihn denken, sowohl in den stillen als auch in den lauten Momenten des Lebens. Und während er in die Zukunft blickte, war er sich sicher, dass er die Lektionen, die er von Thomas gelernt hatte – über Freundschaft, Liebe und das Leben selbst – für immer in seinem Herzen tragen würde.

Die alten Freunde

Song von Dionisios Sawopoulos

Sag es mir nicht,
dass unsere einstigen Freunde
für immer verloren sind.
Ich habe es jetzt gehört:
Die alten Bücher und Lieder sind vorbei,
die schmerzlichen Tage liegen hinter uns,
die Zeiten, die uns verletzt haben.
Sie sind zu Spielzeugen in den Händen von Kindern
geworden.
Das Leben verändert sich,
ohne dass du es merkst,
voller Melancholie.
Irgendwann musst du entscheiden,
mit wem du deinen Weg fortsetzt
und wer zurückbleibt.
Die alten Gedanken sind verloren,
alte Lieben und Schreie
sind zu Spielzeugen in den Händen von Kindern
geworden.
Dieser Moment ist schön,
ich wiederhole: er ist schön,
dir zuzuhören.
Ich sehe das Licht über den Häfen und Bahnhöfen
und ich bin bei dir,
wenn unsere Welt in Flammen steht.
Wenn die Eiben hinter uns gefällt werden,
werde ich da sein,
um dich an die alten Zeiten zu erinnern.

118

Somewhere Over the Rainbow

Es war ein chilliger Tag auf dem Schiff „Stella Maris".
Die Sonne stand hoch am Himmel und die Wellen
plätscherten sanft gegen den Rumpf. Käpt'n Einauge
lehnte an der Reling und beobachtete, wie die Farben
des Meeres mit dem klaren blauen Himmel
verschmolzen. Plötzlich sah er etwas ganz
Besonderes – einen leuchtenden Regenbogen, der
sich über den Horizont spannte.
„Niko! Komm mal schnell her! Sieh dir das an!" rief
Käpt'n Einauge und zeigte auf den Regenbogen.
Niko, sein erster Offizier, kam flink herbei und stellte
sich grinsend neben den Käpt'n. „Echt schönes Bild,
oder Kapitän?"
„Total! Aber was genau ist das? Wie kommt so ein
Regenbogen zustande?" wollte Käpt'n Einauge
wissen, ganz neugierig.
Niko nickte und erklärte: „Ein Regenbogen entsteht,
wenn das Sonnenlicht durch die Regentropfen in der
Luft gebrochen wird. So ähnlich wie bei einem Prisma.
Wenn das Licht auf das Wasser trifft, wird es in
verschiedene Farben aufgeteilt."
Käpt'n Einauge lauschte gebannt, während Niko
weiterredete: „Das Licht besteht aus vielen Farben:
Rot, Orange, Gelb, Grün, Blau, Indigo und Violett.
Wenn die Sonnenstrahlen in den Regentropfen
gebrochen werden, sieht man diese Farben in einem
Bogen. Regenbogen tauchen oft auf, wenn die Sonne
scheint und es gleichzeitig regnet."
„Das ist echt beeindruckend!", rief Käpt'n Einauge
begeistert. „Ich hätte nie gedacht, dass Licht so viele
Geheimnisse hat. Das fühlt sich fast wie Magie an!"
„Ist es auf eine gewisse Art auch", sagte Niko. „Aber
es steckt auch Wissenschaft dahinter. Wenn man
versteht, wie das Licht bricht und reflektiert wird, kann
man die Schönheit der Natur richtig wertschätzen."
Käpten Einauge sah Niko bewundernd an. „Ich bin
immer wieder beeindruckt von deinem Wissen, Niko.
Woher weißt du all das?"

Niko zuckte mit den Schultern und grinste bescheiden. „Ich hab viel Zeit mit Büchern und in der Natur verbracht. Auf See gibt's immer was Neues zu entdecken, und ich find's spannend, die Zusammenhänge zu verstehen. Die Welt ist voller Wunder, und ich will sie alle erleben."
Der Kapitän nickte zustimmend. „Da hast du recht. Es gibt so viel mehr, als wir wahrnehmen. Manchmal müssen wir einfach einen Moment innehalten und die Schönheit um uns rum genießen."
Der Regenbogen begann langsam zu verblassen, aber die Farben leuchteten weiterhin in ihren Erinnerungen. Käpt'n Einauge und Niko standen eine Weile still da, jeder in Gedanken versunken.
„Das werde ich nie vergessen", sagte Käpt'n Einauge schließlich. „Nicht nur den Regenbogen, sondern auch die Lektion, die du mir heute gegeben hast. Die Welt sprüht vor Farben und Wundern, und ich bin froh, dass ich mit dir an Bord bin, um sie zu entdecken." Abends entstand dann dieses Lied:

 **Somewhere Over the Rainbow**
Song von: E.y. Harburg, Harold Arlen

Über dem Regenbogen, in luftiger Höhe, gibt es ein Land, von dem ich in einem Wiegenlied gehört habe. Dort leuchtet der Himmel in Blau und die Träume, die du wagst zu träumen, werden wahr. Eines Tages werde ich mir einen Wunsch von einem Stern erfüllen und aufwachen, während die Wolken weit unter mir liegen, wo Probleme sich wie Zitronenbonbons auflösen. Hoch über den Schornsteinen wirst du mich finden.
Irgendwo über dem Regenbogen fliegen die Drosseln. Die Vögel ziehen hoch über den Regenbogen – warum kann ich das nicht auch?
Eines Tages werde ich mir einen Wunsch von einem Stern erfüllen und aufwachen, während die Wolken weit unter mir liegen, wo Probleme sich wie Zitronenbonbons auflösen. Hoch über den Schornsteinen wirst du mich finden.
Irgendwo über dem Regenbogen fliegen die Drosseln. Die Vögel fliegen über den Regenbogen – warum kann ich das nicht auch? Wenn die fröhlichen Drosseln über den Regenbogen fliegen, warum kann ich das nicht?

121

The Passenger

Käpt'n Einauge ist ein leidenschaftlicher Seefahrer, der in den letzten Jahren viele Abenteuer auf den Meeren der Welt erlebt hat. Seine Reisen führten ihn zu unterschiedlichsten Orten, von den schneebedeckten Fjorden Norwegens bis zu den sonnigen Stränden der Karibik. Dabei entdeckte er nicht nur die Schönheit der Natur, sondern auch die Vielfalt der Menschen und Kulturen.
In Europa schloss er enge Freundschaften mit Fischern in einem kleinen Dorf an der spanischen Küste, die ihm die Geheimnisse der traditionellen Fischerei verrieten. In Afrika traf er in einer Hafenstadt in Marokko einen alten Kapitän-Kollegen, der ihm spannende Geschichten über die Seefahrt und die Herausforderungen des Lebens auf See erzählte.
In Asien genoss Käpt'n Einauge die herzliche Gastfreundschaft der Thais, wo er oft in kleinen Familienrestaurants speiste und Freundschaften mit den Einheimischen schloss. In Australien verbrachte er Zeit mit Surfern an der Gold Coast, genoss das Wellenreiten und die entspannte Lebensweise der Australier.
Jede Reise hat Käpt'n Einauge geprägt und ihm neue Perspektiven eröffnet. Er denkt oft über die Lektionen nach, die er gelernt hat, über die Schönheit der Welt und die Verbindungen zu den Menschen, die er getroffen hat. Seine Freunde weltweit sind für ihn wie eine große Familie, und er freut sich darauf, sie eines Tages wiederzusehen und neue Abenteuer zu erleben.
Käpt'n Einauge ist sich bewusst, dass Reisen nicht nur das Entdecken neuer Orte bedeutet, sondern auch eine Chance ist, das eigene Leben zu bereichern und den Horizont zu erweitern. Er plant bereits seine nächste Reise und träumt von neuen Zielen und den Freunden, die er noch kennenlernen wird. In dieser mondhellen Nacht dachte er über das Passagiersein nach.

**The Passenger**
Song von: Ricky Gardiner, James Newell Osterberg
Jr.

Ich bin der Passagier
Ich reise weiter, immer tiefer in die weniger
einladenden Gegenden der Stadt. Dabei beobachte
ich, wie die Sterne am Himmel aufglühen—ja, aus
dem klaren, weiten Himmel. Es sieht heute wirklich
schön aus.
Ich bin der Passagier, sicher hinter dem Glas. Durch
mein sauberes Fenster blicke ich auf die
aufleuchtenden Sterne dieser Nacht und auf den
klaren, offenen Himmel über den abgelegenen
Vierteln der Stadt. Alles fühlt sich heute Abend so gut
an.
Steig ins Auto, lass uns zusammen als Passagiere
fahren. Wir durchqueren heute Nacht die Stadt, sehen
die verlassenen Ecken und bewundern den klaren,
weiten Himmel, unter dem die strahlenden Sterne für
uns leuchten.
Oh, der Passagier fährt unermüdlich weiter, schaut
durch sein Fenster—was sieht er? Den klaren, weiten
Himmel und die Sterne, die heute Nacht aufblitzen. Er
nimmt die abgelegenen Teile der Stadt und die
kurvenreiche Küstenstraße wahr. Das alles gehört
uns, dir und mir. Es ist einfach unser. Lass uns fahren
und herausfinden, was uns gehört.
Der Passagier fährt immer weiter, schaut durch das
Glas und aus dem Seitenfenster. Er sieht die Dinge,
die ihm gehören, den klaren, offenen Himmel und die
Stadt im nächtlichen Frieden und all die Sterne, die
heute Nacht leuchten. Alles davon gehört uns—ja,
alles gehört uns. Lass uns einfach weiterfahren...

Strawberry Fields Forever

An einer kalten Winternacht, als der Wind durch die Straßen von Liverpool pfiff, saßen John Lennon und Käpt'n Einauge in einem gemütlichen Café, umgeben von warmem Licht und dem Duft frisch gebrühten Kaffees. Die beiden Freunde verband eine enge Freundschaft, die durch ihre gemeinsame Liebe zur Musik und zur Stadt Liverpool gestärkt wurde. In Gedanken versunken, begann John Käpt'n Einauge von seiner Kindheit und den Erinnerungen an Strawberry Field zu erzählen.

„Weißt du, Käpt'n Einauge", begann John mit einem nachdenklichen Blick, „Strawberry Field war für mich ein magischer Ort. Es war nicht nur ein Waisenhaus, sondern ein Raum voller Träume und Erinnerungen. Ich erinnere mich, wie ich als Kind oft auf dem Gelände spielte, die Bäume hochkletterte und mit anderen Kindern herumtollte. Es war ein Zufluchtsort, an dem ich vorübergehend alles andere vergessen konnte."

Käpt'n Einauge hörte gebannt zu, während John in nostalgischen Erinnerungen schwelgte. „Die Heilsarmee war immer freundlich zu uns. Sie boten uns nicht nur ein Dach über dem Kopf, sondern auch Liebe und Unterstützung. Die Musik, die ich dort hörte, und die Lieder, die die Menschen sangen – sie berührten mein Herz und inspirierten mich. Schon früh wusste ich, dass Musik meine große Leidenschaft war."

John lächelte „Ich denke an die Abende zurück, als wir um das Lagerfeuer saßen, Geschichten erzählten und zusammen sangen. Diese einfachen Momente prägten mich und lehrten mich, wie wichtig Gemeinschaft und Freundschaft sind."

Käpt'n Einauge nickte, während John fortfuhr: „Strawberry Fields war nicht perfekt, aber es ist ein Teil von mir. Es hat mir beigebracht, die kleinen Dinge im Leben zu schätzen und die Hoffnung nie aufzugeben. Ich wollte, dass die Menschen wissen, dass es einen Platz gibt, an dem sie sich sicher und geborgen fühlen können, egal wie herausfordernd das Leben ist."

In diesem Moment spürte Käpt'n Einauge die tiefe Verbindung zwischen den beiden Freunden. Er erkannte, dass die Erinnerungen an Strawberry Field nicht nur zu Johns Vergangenheit gehörten, sondern auch als Inspiration für seine Musik und seine Botschaften von Frieden und Liebe dienten.

„Und genau das wollte ich in meinen Liedern weitergeben", sagte John schließlich. „Die Sehnsucht nach einem besseren Ort und die Hoffnung auf eine bessere Welt. ‚Strawberry Fields Forever' – das ist mehr als nur ein Lied, es ist ein Gefühl, eine Einladung, die Vergangenheit zu umarmen und die Zukunft mit offenen Armen zu begrüßen."

Die Nacht verging, während sie über Musik, Träume und die Bedeutung von Erinnerungen sprachen. Für Käpt'n Einauge war es ein unvergesslicher Abend, der ihn daran erinnerte, wie stark die Verbindung zwischen Vergangenheit und Zukunft sein kann und wie wichtig es ist, die kleinen Momente im Leben wertzuschätzen.

Anmerkung:

Wie Penny Lane war auch Strawberry Fields Forever ein nostalgischer Rückblick auf die Vergangenheit der Beatles in Liverpool. Strawberry Field ist der Name eines Waisenhauses der Heilsarmee in Liverpool, in dessen Nähe John Lennon aufwuchs und auf dessen Grundstück er als Kind oft spielte oder einfach nur für sich war.

 **Strawberry Fields Forever**
Song von John Lennon

Kommt, ich nehme euch mit,
Denn ich gehe nach Strawberry Fields.
Nichts ist real,
Und nichts, über das man sich aufregen müsste.
Strawberry Fields für immer.
Das Leben ist leicht, mit geschlossenen Augen,
Alles missverstehend, was man sieht.
Es wird schwer, jemand zu sein,
Aber alles kommt irgendwie hin.
Es macht mir nicht sehr viel aus.
Niemand, glaube ich, ist in meinem Baum
Ich meine, er muss hoch oder niedrig sein.
Das heißt, man kann sich nicht, weißt du, darauf
einstellen,
Doch es ist in Ordnung.
Das heißt, ich finde es nicht so schlimm.
Immer nein, manchmal, glaub ich bin's,
Aber wisst ihr, ich weiß, wann es ein Traum ist.
Ich glaube, ich weiß, ich meine, äh, "ja"
Aber es stimmt alles nicht
Das heißt, ich glaube , ich bin nicht einverstanden

What's Going On

Als Käpt'n Einauge 1969 in Berkeley ankam, war die Stadt vom Geist des Wandels und der Rebellion geprägt. Die Straßen waren voller Menschen, die für Frieden und soziale Gerechtigkeit eintraten. Während er und Ronaldo Benson durch den Volkspark schlenderten, wurden sie plötzlich Zeugen eines erschütternden Anblicks: Die Polizei ging gegen eine Gruppe von Antikriegsaktivisten vor, die friedlich für den Frieden demonstrierten.

„Was passiert hier?", fragte Ronaldo entsetzt. Käpt'n Einauge's Ohren nahmen die Wut und Frustration in Ronaldos Stimme wahr. Es war eine Frage, die an diesem Tag viele Menschen beschäftigte, und die Antworten waren oft schmerzhaft und beunruhigend.

„Das ist einfach nicht richtig", murmelte Käpt'n Einauge, während sie beobachteten, wie die Polizei gewaltsam gegen die Demonstranten vorging. Schreie und das Krachen von Schlagstöcken hallten in der Luft. Dieser Moment berührte beide tief und ließ sie über die Ungerechtigkeiten in der Welt nachdenken.

Später, in einem kleinen Café in der Nähe, sprach Ronaldo über das, was sie gesehen hatten. „Ich kann nicht glauben, dass so etwas in unserem Land passiert. Es fühlt sich an, als lebten wir in einem Albtraum", sagte er, während er in seiner Kaffeetasse rührte.

Käpt'n Einauge nickte zustimmend. „Ja, das ist erschreckend. Vielleicht sollten wir etwas tun. Ein Lied schreiben – eines, das die Menschen vereint und ihnen Hoffnung gibt."

„Ein Protestlied oder ein Liebeslied?", fragte Ronaldo mit einem schiefen Grinsen. „Was denkst du?"

Käpt'n Einauge überlegte kurz. „Warum nicht beides? Ein Lied, das die Liebe zu unserem Land und zu den Menschen, die für Gerechtigkeit kämpfen, feiert. Ein Lied, das unsere Wut über die Ungerechtigkeiten mit der Hoffnung auf Veränderung verbindet."

Ronaldo stimmte zu. „Das klingt nach einer starken Botschaft. Lass uns etwas schreiben, das die

127

Menschen inspiriert, sich zu erheben und für das zu kämpfen, woran sie glauben."

Die beiden Freunde verbrachten den Rest des Nachmittags damit, Ideen zu sammeln und Melodien zu skizzieren. Die Worte flossen während ihres Austauschs über die erlebten Ungerechtigkeiten und die Liebe zur Menschheit und zur Welt nur so heraus. Diese kreative Explosion schweißte sie zusammen und gab ihnen das Gefühl, Teil von etwas Größerem zu sein.

In den folgenden Wochen arbeiteten sie weiter an ihrem Lied, das schließlich zu einer Hymne der Bewegung wurde. Es war ein kraftvolles Stück, das sowohl die Schrecken des Krieges als auch die unerschütterliche Hoffnung auf Frieden und Einheit thematisierte.

Käpt'n Einauge und Ronaldo waren sich bewusst, dass ihre Musik ein Werkzeug sein konnte, um Menschen zu mobilisieren und zum Nachdenken anzuregen. In einer Zeit, die von Konflikten und Unsicherheit geprägt war, wollte ihr Lied ein Licht der Hoffnung sein – ein Zeichen dafür, dass Liebe und der Wunsch nach Frieden stärker sein können als Gewalt und Dunkelheit.

 **What's Going On**
Song von: Marvin Gaye, Marvin P Gaye, Alfred
Cleveland, Renaldo Benson

Mutter, Mutter,
Zu viele von euch schreien.
Bruder, Bruder, Bruder,
Zu viele von euch müssen sterben.
Wir wissen, wir müssen einen Weg finden,
um heute Liebe zu verbreiten.
Vater, Vater,
Wir sollten nicht weiter Konflikte schüren.
Du siehst, Krieg ist keine Lösung.
Nur die Liebe kann den Hass überwinden.
Wir wissen, wir müssen einen Weg finden,
um heute Liebe zu verbreiten.
Proteste und Schilder,
bitte behandelt mich nicht mit Gewalt.
Sprich mit mir,
damit du verstehst,
was wirklich passiert.
Mutter, Mutter,
Alle glauben, dass wir falsch liegen,
aber wer sind sie, um zu urteilen?
Nur weil unsere Haare lang sind?
Wir wissen, wir müssen einen Weg finden,
um heute Verständnis zu fördern.
Proteste und Schilder,
bitte behandelt mich nicht mit Gewalt.
Sprich mit mir,
damit du verstehst,
was passiert.

Hotel California

Käpt'n Einauge saß auf der Rückbank des Autos, während Donald Henley am Steuer saß und das Fahrzeug in Richtung Kalifornien lenkte. Die tief stehende Sonne tauchte die Landschaft in ein warmes, goldenes Licht. Während sie durch die endlosen Weiten der Wüste fuhren, sprachen sie über die Bedeutung Kaliforniens und schaute aus dem Fenster. „Die Bilder sind so lebendig – die Strände, die Palmen, das süße Leben. Aber ich frage mich, was wirklich hinter diesen Klischees steckt. Wie leben die Menschen hier?"

Donald nickte. „Das interessiert mich auch. Die Geschichten der Menschen, die nicht auf den Werbeplakaten stehen. Diejenigen, die für ihre Träume kämpfen oder einfach ihren Alltag bewältigen. Kalifornien ist mehr als nur Hollywood und Glamour."

Käpt'n Einauge lächelte. „Ich kann mir vorstellen, dass wir einige interessante Typen treffen werden. Vielleicht einen alten Surfer, der uns von seinen besten Wellen erzählt, oder einen Künstler, der in der Stadt der Träume seinen Weg sucht."

„Und die Musikszene!", ergänzte Donald. „Von den kleinen Clubs in San Francisco bis zu den großen Arenen in Los Angeles. Es ist ein Schmelztiegel aus Talenten und Stilen. Ich kann es kaum erwarten, all das zu erleben."

„Und die Natur!", war Käpt'n Einauge begeistert. „Die Strände, das Gebirge, die Nationalparks – es gibt so viel mehr als nur die Städte. Ich will die Weiten des Yosemite Nationalparks sehen und die Küste von Big Sur genießen. Es ist ein wahres Paradies für die Seele."

Donald lachte. „Das klingt fast wie ein Traumroadtrip! Aber wir sollten nicht die Schattenseiten Kaliforniens vergessen. Obdachlosigkeit und der tägliche Überlebenskampf – das sind Geschichten, die oft in den Hintergrund gedrängt werden."

„Das stimmt", sagte Käpt'n Einauge nachdenklich. „Es ist wichtig, auch diese Realität zu erkennen.

Kalifornien ist ein Ort voller Möglichkeiten, aber nicht jeder hat Zugang dazu. Es ist eine Mischung aus Licht und Schatten."

Während ihrer Fahrt begannen sie, Pläne zu schmieden, wie sie ihre Erlebnisse festhalten könnten. „Wir sollten einen Podcast oder vielleicht sogar eine Dokumentation über die Menschen machen, die wir treffen", schlug Käpt'n Einauge vor. „Lass uns die Geschichten erzählen, die in den Zeitungen nicht zu finden sind."

„Perfekt", antwortete Donald begeistert. „Wir könnten die Musik und die Stimmen der Menschen einfangen und sie mit unseren eigenen Erlebnissen verweben. So wird unsere Reise nicht nur ein weiteres Abenteuer, sondern auch eine Möglichkeit, die Vielfalt Kaliforniens zu feiern."

Mit einem Gefühl von Vorfreude und Abenteuerlust setzten sie ihre Reise fort, bereit, die vielen Facetten Kaliforniens zu entdecken – die Schönheit, die Herausforderungen und die unzähligen Geschichten, die darauf warteten, erzählt zu werden. Der Horizont schien endlos, und mit jedem zurückgelegten Kilometer wuchs ihre Neugier auf das, was noch vor ihnen lag.

Hotel California
Song von: Glenn Lewis Frey, Don Felder, Donald Henley

Auf einem dunklen, einsamen Highway in der Wüste wehte ein kühler Wind durch mein Haar, und der starke Duft von Colitas verbreitete sich in der Luft. In der Ferne entdeckte ich ein Licht. Mein Kopf fühlte sich schwer an, und meine Sicht war verschwommen. Es war offensichtlich, dass ich irgendwo übernachten musste.

Am Eingang stand sie, während ich die Glocken einer Kirche läuten hörte. Ich dachte: Das könnte sowohl der Himmel als auch die Hölle sein. Dann zündete sie eine Kerze an und zeigte mir den Weg. Am Ende des Gangs hörte ich Stimmen, die zu mir sagten: „Willkommen im Hotel Kalifornien! Was für ein wunderbarer Ort! Was für ein schöner Platz!"

Im Hotel Kalifornien gibt es das ganze Jahr über freie Zimmer. Hier findest du, wonach du suchst.

Ihre Gedanken waren so klar wie Tiffany-Glas, aber gleichzeitig auch ein wenig durcheinander. Sie hätte sich einen Mercedes leisten können und um sie versammelten sich viele gutaussehende Jungs, die sie ihre Freunde nannten. Während sie im Hof tanzten, war das sommerliche Schwitzen angenehm. Einige tanzten, um sich an etwas zu erinnern, andere, um zu vergessen.

Ich rief den Oberkellner: „Bitte bringen Sie mir meinen Wein." Er antwortete: „Diese Einstellung hatten wir hier zuletzt 1969." Und immer noch hörte ich die verführerischen Stimmen aus der Ferne, die dich mitten in der Nacht wecken, nur um zu sagen: „Willkommen im Hotel Kalifornien! Was für ein wunderschöner Ort! Was für ein schönes Gesicht! Im Hotel Kalifornien weiß man, wie man lebt. Was für eine angenehme Überraschung! Bringe deine Ausreden mit!"

Die Decken waren verspiegelt, und Champagner Rosé auf Eis stand bereit. Sie sagte:
„Wir haben uns alle selbst in diese Falle gelockt."
In den Räumen ihres Herrn hatten sich viele versammelt, um mit ihren stählernen Messern auf die Bestie einzustechen. Doch das Tier ließ sich nicht töten.
Das Letzte, woran ich mich erinnere, ist, dass ich zum Ausgang hastete. Ich musste den Rückweg finden, um zu dem Ort zurückzukehren, an dem ich einst war.
„Mach mal langsam", sagte der Nachtportier. „Hier geht's immer nur rein. Du kannst zwar jederzeit auschecken, aber raus kommst du nie mehr."

Puzzlestücke

Inspiration Mary K.

Käpt'n Einauge, der erfahrene alte Seebär, sitzt in einem kleinen, einladenden Café, als eine junge Filmemacherin namens Mary an seinen Tisch kommt. Sie hat eine spannende Idee für einen Dokumentarfilm über Autismus und möchte Käpt'n Einauge um seinen Rat fragen.

Mary: Hey Käpt'n Einauge! Ich habe gehört, dass du richtig viel über Filme weißt. Momentan arbeite ich an einem Projekt über Autismus und würde gerne deine Meinung dazu hören.

Käpt'n Einauge: Autismus, huh? Das ist ein tiefgründiges Thema. Was genau schwebt dir für deinen Film vor?

Mary: Ich möchte die Vielfalt von Autismus zeigen und klarmachen, dass es nicht nur eine einzige Sichtweise gibt. Da gibt's so viele verschiedene Perspektiven und Geschichten. Es ist mir wichtig, die Stimmen der Betroffenen zu hören.

Käpt'n Einauge: Das klingt nach einer tollen Idee. Es ist super wichtig, dass die Leute verstehen, dass Autismus nicht gleich Autismus ist. Jeder hat seine eigenen Herausforderungen und Stärken. Wie planst du, diese Geschichten rüberzubringen?

Mary: Ich will Interviews mit autistischen Menschen, ihren Familien und auch Fachleuten führen. Ich glaube, es ist wichtig, persönliche Erfahrungen mit wissenschaftlichen Erkenntnissen zu verbinden. Hast du Tipps, wie ich die Emotionen und die Realität dieser Erlebnisse echt festhalten kann?

Käpt'n Einauge: Authentizität ist absolut das A und O. Du musst erst mal Vertrauen aufbauen, bevor du die Kamera zückst. Lass die Leute wissen, dass du ihre Geschichten wertschätzt und ihnen eine Bühne geben möchtest. Vielleicht könntest du auch visuelle Elemente einbringen, um die verschiedenen Wahrnehmungen darzustellen.

Mary: Das ist ein super Punkt! Ich wollte auch kreative Ansätze nutzen, um die Sichtweisen von Menschen mit Autismus zu zeigen. Vielleicht mit Animationen oder künstlerischen Darstellungen?

Käpt'n Einauge: Auf jeden Fall! Kunst ist eine kraftvolle Sprache. Sie kann oft Dinge ausdrücken, die Worte nicht schaffen. Überleg dir auch, wie du das Publikum emotional einbeziehen kannst, damit sie sich in die Geschichten hineinversetzen.

Mary: Das ist echt eine tolle Idee! Ich möchte, dass die Zuschauer nicht nur informiert, sondern auch emotional berührt werden. Es soll ein Film sein, der zum Nachdenken anregt und Empathie weckt.

Käpt'n Einauge: Das klingt, als hättest du eine klare Vision vor Augen. Denk dran, dass das Filmemachen auch eine Lernreise ist. Sei offen für die Geschichten, die dir begegnen, und lass dich von den Menschen inspirieren, mit denen du redest.

Die beiden quatschen weiter über die Höhen und Tiefen des Filmemachens, während Käpt'n Einauge von Marys Leidenschaft und Entschlossenheit inspiriert wird. Spontan nimmt Mary ihr Telefon in die Hand und ruft Manos an, einen talentierten Musiker, der innerhalb einer Stunde Text und Musik schreibt.

**Puzzlestücke**
Song von Manos Papadakis

Manchmal gehe ich nach draußen,
manchmal ziehe ich mich zurück
und lasse niemanden herein.
Das Leben ist wie ein Puzzle,
alle Teile fügt man zusammen.
Wenn mich die Worte verwirren
und ich mich in meinen eigenen Gedanken verliere,
fühle ich mich so, wie du dich fühlst.
Wenn du Angst vor mir hast,
bin ich dir nicht böse.
Wenn ich dich erschrecke,
komm zu mir und versuche, mich zu verstehen.
Ich möchte anders sein können.

Bohemian Rhapsody

Käpt'n Einauge stand backstage an der Metropolitan Oper und spürte das Adrenalin durch seine Adern rauschen. Die Bühne leuchtete hell, und das Publikum wartete gespannt auf die nächste Szene aus Verdis „Rigoletto". Doch in ihm brannte der Wunsch, mehr als nur der Bassbariton des liebevollen Vaters zu sein. Er wollte die Leidenschaft, die Unschuld und die Sehnsucht eines jungen Liebhabers verkörpern.

In den vergangenen Monaten hatte er mit Freddy, einem talentierten Komponisten und Texter, an einem neuen Song gebastelt. Die Melodie war stark und die Texte voller Emotion – es war eine Hommage an die Liebe und die Träume, die sie beide hatten. Käpt'n Einauge war überzeugt, dass der Song das Publikum erreichen würde, auch wenn er wusste, dass es ein gewagter Schritt war, ihn mitten in einer klassischen Aufführung zu präsentieren.

Als der Vorhang fiel und die Darsteller sich auf die nächste Szene vorbereiteten, nahm Käpt'n Einauge all seinen Mut zusammen. Er trat auf die Bühne, und seine Stimme durchdrang den Raum mit einer Intensität und Leidenschaft, die selbst die erfahrensten Opernfans verblüffte. „Lasst mich euch von der Liebe erzählen", begann er und ließ den neuen Song erklingen, der die Herzen aller im Sturm eroberte.

Brian May, Roger Taylor, Doug Ewood Bogie und John Deacon, die anderen Mitglieder der Gruppe Queen die ebenfalls in der Met waren, waren anfangs verwirrt aber beeindruckt, und das Publikum war zuerst perplex, dann begeistert. Die Melodie war frisch und neu, und die Zuschauer konnten sich Käpt'n Einauge's charismatischer Darbietung nicht entziehen. Die Mischung aus klassischer Oper und modernem Lied schuf eine zauberhafte Stimmung, die man so schnell nicht vergessen würde.

„Is this the real life? Is this just fantasy? Caught in a landslide, No escape from reality."

Als der letzte Ton verklang, brach tosender Applaus aus. Käpt'n Einauge fühlte sich wie im siebten Himmel. Er hatte es geschafft – er hatte nicht nur seine Rolle in „Rigoletto" toll gespielt, sondern auch seinen Traum verwirklicht, sich als junger Liebhaber in die Herzen der Menschen zu singen. Freddy, der im Publikum saß, konnte seine Freude kaum zurückhalten. Gemeinsam hatten sie etwas Einzigartiges erschaffen.

Die Kritiker würden die Aufführung als legendär bezeichnen, und Käpt'n Einauge wusste, dass dies erst der Anfang seiner Reise als Opernstar war. Mit einem breiten Lächeln verbeugte er sich tief, während der Applaus lauter wurde und die Vorhänge sich schlossen.

Bohemian Rhapsody
Song von Freddy Mercury

Ist das hier Realität oder nur Einbildung? Ich fühle mich, als würde mich ein Erdrutsch mitreißen, und ich kann der Wahrheit nicht entkommen.
Öffne meine Augen, schaue in den Himmel und erkenne: Ich bin nur ein armer Junge, und Mitleid ist das Letzte, was ich will.
Das Glück schwankt; manchmal erfüllt es mich, manchmal macht es mich traurig. Was auch immer geschieht, es spielt für mich keine Rolle.
Mama! Ich habe einen Mann getötet. Ich hielt ihm eine Waffe an den Kopf, drückte ab, und nun ist er tot.

Mama, mein Leben hat gerade erst begonnen, doch ich habe alles zerstört.

Mama, weine nicht um mich. Wenn ich morgen nicht zurückkehre, lebe einfach weiter, als wäre nichts geschehen.

Es ist zu spät, jetzt bin ich an der Reihe. Ein Schauer läuft mir über den Rücken, und mein Körper schmerzt ständig.

Lebt wohl, alle zusammen. Ich muss jetzt gehen und mich der Wahrheit stellen.

Mama, egal wie es ausgeht, ich möchte nicht sterben. Manchmal wünschte ich, ich wäre nie geboren worden.

Ich erkenne vage das Bild eines Mannes.

Scaramouche, Scaramouche, wirst du den Fandango tanzen? Blitze und Donner bringen mich aus der Fassung.

Ich bin nur ein armer Junge, niemand liebt mich. Er ist nur ein armer Junge aus einer armen Familie. Lasst ihn von diesem Unrecht verschont!

Im Namen Gottes! Nein, wir lassen dich nicht gehen. – Lasst mich gehen.

Wir lassen dich nicht gehen. – Lasst mich gehen.

Nie, niemals, "lasst mich gehen". Wir lassen dich nicht gehen!

Nein, nein, nein, nein, nein. Oh mein Gott, lass mich gehen. Beelzebub hat einen Teufel für dich vorbereitet.

Ihr glaubt also, ihr könntet mir wehtun und mich beschimpfen? Ihr denkt, ihr könntet mich lieben und mich dann einfach aufgeben?

Oh Baby, so etwas kannst du mir nicht antun.

Ich muss einfach nur weg von hier, und zwar sofort!

Nichts hat Bedeutung.

Das ist offensichtlich.

Nichts hat Bedeutung.

Nichts hat für mich Bedeutung.

Wie auch immer sich der Wind dreht...

Ich ertrage es noch

Käpt'n Einauge fühlte sich ziemlich müde. Die ganzen Reisen und Abenteuer hatten ihren Tribut gefordert, und ganz nebenbei war er nicht mehr der Jüngste. Seine Knochen gingen oft nicht mehr so mit, wie er es gerne gehabt hätte. Im Kopf war er zwar noch immer wie zwanzig, aber sein Körper fühlte sich an, als wäre er viel älter.

Er schaute aus dem Fenster seiner kleinen Wohnung und bemerkte, wie die Sonne langsam hinter den Dächern der Stadt verschwand. Die letzten goldenen Strahlen des Tages winkten ihm fröhlich zu, während die Schatten immer länger wurden. „Klar, ich stehe am Rand der Klippe, aber ich schaffe das", murmelte er sich selbst Mut zu.

Das war nicht das erste Mal, dass er an diesem Punkt angekommen war. In seinem Leben hatte er schon viele Höhen und Tiefen durchgemacht, viele Herausforderungen gemeistert. Es gab Momente, da wollte er einfach aufgeben, aber der Glaube an sich selbst war immer geblieben. Er hatte gelernt, dass das Leben oft herausfordernd ist, doch gerade in den Schwierigkeiten stecken meist die besten Möglichkeiten zur persönlichen Weiterentwicklung.

Sein Blick fiel auf die alten Fotos an der Wand – Bilder von Freunden, Reisen und fröhlichen Momenten. Jedes Foto erzählte eine Geschichte und jede Geschichte war ein Teil von ihm. Käpt'n Einauge erinnerte sich an nächtliche Gespräche unter dem Sternenhimmel und an die Abenteuer, die ihn in die entferntesten Winkel der Erde geführt hatten. Diese Erinnerungen waren wie ein wertvoller Schatz, der ihm in schweren Zeiten Kraft gab.

„Ich habe noch viel zu geben", murmelte er, während ein Funke von Entschlossenheit in ihm aufblitzte. Er wusste, dass er nicht mehr der Jüngste war, aber das bedeutete nicht, dass er sich zurückziehen sollte. Es gab noch so viel zu erleben und zu entdecken. Vielleicht waren es nicht mehr die großen Abenteuer seiner Jugend, aber es waren die kleinen Dinge, die das Leben lebenswert machten.

Er beschloss, einen Spaziergang zu machen. Die frische Luft würde ihm guttun und ihn daran erinnern, dass das Leben noch vor ihm lag, egal wie müde er sich fühlte. Käpt'n Einauge zog seine Jacke an, setzte seinen Hut auf und trat hinaus in die kühle Abendluft. Die Stadt war lebendig, und die Lichter der Geschäfte und Cafés funkelten wie Sterne am Boden.

Mit jedem Schritt spürte er, wie die Müdigkeit von ihm abfiel. Es war, als könnte er mit der Bewegung auch die Last der Jahre abstreifen. Er lächelte den Leuten zu, die ihm begegneten, und hörte das fröhliche Lachen der Kinder, das ihn an die Unbeschwertheit seiner eigenen Jugend erinnerte.

„Das Leben ist ein Geschenk", dachte er, während er um die Ecke bog und den kleinen Park erreichte, den er oft besuchte. Dort setzte er sich auf eine Bank und atmete tief ein. Die Natur um ihn herum war beruhigend und zeigte ihm, dass alles beständig und gleichzeitig im Wandel war.

Käpt'n Einauge schloss die Augen und ließ die Geräusche der Stadt auf sich wirken. Er wusste, dass er am Rand der Klippe stand, aber das bedeutete nicht, dass er fallen musste. Er hatte die Kraft, weiterzugehen, neue Wege zu finden und das Leben in vollen Zügen zu genießen.

Ein neuer Tag würde kommen, und damit auch neue Möglichkeiten. Und vielleicht, nur vielleicht, würde er eines Tages wieder auf die Klippen seiner Jugend zurückblicken und mit einem Lächeln feststellen, dass das Abenteuer noch lange nicht vorbei war.

**Ich kann es immer noch ertragen**
Song von Alexandros Chatzis und Tassos Rousseas

War das Märchen wirklich wahr?
Es ist schon Jahre her, seit ich es erlebt habe,
wie ein weißer Stein im Flussbett
eines reißenden Baches, durch den ich ging,
während Ströme aus Wasser über mich hinabflossen
und mich fast ertränkten.
Ich kann es nach wie vor aushalten,
am Rand der Klippe zu leben.
Ich halte durch, obwohl ich
längst erschöpft bin.
Es war eine wahre Geschichte.
Ich benötigte Jahre, um sie dir zu erzählen,
wie eine Blume, die auf einem Felsen wächst.
Im Winter hielt ich durch, während
mich die Nordländer zerfetzten
und mich zum Verwelken brachten.

London Calling

Käpt'n Einauge lehnte sich entspannt in seinem Stuhl zurück, während die letzten Klänge von „London Calling" im Hintergrund verklangen. Der Song hatte eine ehrliche, unverblümte Art, die einen direkt in seine düstere Welt zog. „Man könnte London durch jede andere große Stadt ersetzen", murmelte er nachdenklich. „Egal ob New York, Berlin oder Tokio – überall lauern ähnliche Bedrohungen und Ängste." Er dachte an die Bilder aus den Nachrichten: Menschen, die in den Trümmern ihrer Heimat lebten, während die Natur gegen uns revoltierte. „Es ist echt gruselig, wie nah diese Szenarien an der Realität sind – und gleichzeitig scheinen sie so weit entfernt, bis sie uns direkt treffen", ergänzte er.

Sein Freund, der neben ihm saß, nickte zustimmend. „Genau, und die brutale Wahrheit wird oft von der Gesellschaft ignoriert. Viele leben in einer Art Blase, während draußen das Chaos tobt. Man könnte fast denken, sie ziehen sich die Augen zu."

Käpt'n Einauge lehnte sich vor und sprach mit voller Überzeugung: „Aber genau das ist der Punkt bei der Musik! Diese Lieder sind nicht nur zum Spaß; sie sind ein Aufruf zum Wachsam-Sein. Sie erinnern uns daran, dass wir nicht einfach wegschauen können. Wir müssen handeln, bevor es zu spät ist!"

Er erinnerte sich an die starken Texte, die ein Gefühl von Dringlichkeit und Verzweiflung vermitteln. „Die Themen sind universell – Krieg, Hunger, Klimawandel. Es ist ein Aufruf, sich mit der Realität auseinanderzusetzen und seine eigene Stimme zu erheben."

„Und das macht Musik so kraftvoll", sagte sein Freund. „Sie kann Menschen mobilisieren, sie zum Nachdenken bringen und echte Veränderungen anstoßen. Wenn wir die Geschichten teilen, die uns betreffen, können wir vielleicht etwas bewegen."

Käpt'n Einauge lächelte. „Genau! Selbst in den dunkelsten Zeiten gibt es immer Platz für Hoffnung. Wir müssen uns daran erinnern, dass wir die Kraft haben, Dinge zu ändern. Es liegt an uns, die Welt zu einem besseren Ort zu machen, egal wo wir sind." Mit einem tiefen Atemzug schloss er die Augen und ließ die Melodie von „London Calling" ein letztes Mal durch seinen Kopf schweben, während er über die Kraft der Musik nachdachte, die sowohl die Schrecken als auch die Hoffnungen der Menschheit widerspiegeln kann. „Wir müssen die Realität annehmen, aber auch den Mut finden, für eine bessere Zukunft zu kämpfen."

 **London Calling**

Song von: Topper Headon, Mick Jones, Joe Strummer, Paul Simonon

Eine Botschaft aus London für alle, die weit entfernt sind: Nach der Kriegserklärung beginnen jetzt ernsthaft die Kämpfe. London fordert die Unterwelt auf: Kommt heraus, ihr Jungs und Mädels! Verlasst euch nicht nur auf uns, die ganze Beatlemania war nur ein Betrug. In London läuft nichts mehr, außer dem Geräusch von Gummiknüppeln. Die Eiszeit naht, die Sonne kommt näher, ein Kernschmelzunfall zeichnet sich ab und die Ernte sieht schlecht aus. Die Maschinen stehen still, aber ich habe keine Angst. London sinkt, und ich lebe am Fluss. Jetzt eine Nachricht aus London an die Nachahmer: Vergiss es, das musst du alleine schaffen. London ruft die Zombies des Todes: Hört auf zu warten und atmet tief durch! London ruft, ich möchte nicht laut werden, aber als wir sprachen, habe ich gesehen, wie du weggeglitten bist. London ruft, es gibt bei uns keinen Rausch, außer dem mit den gelblichen Augen. Die Eiszeit naht, die Sonne kommt näher, die Maschinen stehen still und die Ernte sieht schlecht aus. Ein Nuklearunfall steht bevor, aber ich habe keine Angst. London sinkt, und ich lebe am Fluss. Hör zu: London ruft, ja, ich war auch dort. Und weißt du, was sie gesagt haben? Einiges davon war echt.

145

Losing My Religion

Im Jahr 1991 hatte die kleine Stadt Athens im Nordosten Georgias, USA, den Wunsch, eine Städtepartnerschaft mit ihrer griechischen Namensvetterin, der Hauptstadt Athen, zu etablieren. Der neu gewählte Bürgermeister der Hauptstadt Antonis Tsitsis, ein leidenschaftlicher Architekt mit einem Talent für internationale Beziehungen, war fest entschlossen, dieses Ziel zu verfolgen. Tragischerweise überschattete ein unerwarteter Schicksalsschlag sein Amt: Im Jahr 1992 starb er mit nur 55 Jahren plötzlich in seinem Büro. Kurz vor seinem Tod hatte Antonis Tsitsis noch den talentierten Käpt`n Einauge beauftragt, das Vorhaben voranzutreiben. Gemeinsam mit der jungen Journalistin Mary K. machte sich Käpt`n Einauge auf den Weg in die USA.

Bei ihrer Ankunft in einer heißen Woche stießen sie bald auf unerwartete Begegnungen. Während eines Mittagessens in einem kleinen Burger-Lokal trafen sie auf Michael Stipe, den charismatischen Sänger der Band R.E.M. Schon bald entwickelten sich lebhafte Gespräche über ihre Städte und Michael erzählte begeistert von R.E.M., die seit zehn Jahren aktiv waren und im Studio voller Kreativität steckten. Beide, der Käpt`n und Mary, beeindruckt von der Energie des Musikers, wurden eingeladen, das Aufnahmestudio zu besuchen. Dort wurden sie von den anderen Bandmitgliedern herzlich empfangen, umgeben von Musikinstrumenten und bunten Notizen. Mary K. kannte die Kreativität des Schaffens, doch Teil dieser besonderen Erfahrung zu sein, überstieg ihre Vorstellungen.

So wurde es Wirklichkeit: Während die Band an ihrem neuen Album, besonders am Song „Losing My Religion", arbeitete, wurden Käpt`n Einauge und Mary Zeugen des Entstehungsprozesses eines Stücks, das bald die Welt erobern sollte. Sie erlebten den majestätischen Klang des Songs und spürten, wie die Verbindung zwischen den beiden Städten stärker als je zuvor wurde. Als sie an einem bestimmten Teil arbeiteten, bildete Marys Idee des Intros das Herzstück des Liedes. Der Käpt`n beobachtete das Geschehen zufrieden und murmelte: „Das wird groß", während er Mary auf die Schulter klopfte. Als Michael den Titel des Songs erklärte, blickten Käpt`n und Mary verwirrt. „Losing My Religion"? Was bedeutet das?" fragte Käpt`n Einauge. Michael erklärte: „Es ist ein alter Ausdruck aus den Südstaaten, der das Gefühl beschreibt, verzweifelt zu sein." Fasziniert hörten sie zu. Trotz der kreativen Verbindungen, die sie knüpften, kam die Städtepartnerschaft zwischen Athens und Athen jedoch nicht zustande. Der Song, aus dieser aufregenden, interkulturellen Erfahrung geboren, wurde weltweit ein Hit und wird bis heute oft gehört. Käpt`n Einauge's Herzensdame Helga P. singt ihn noch immer a cappella. So bleibt ein kleiner Teil der Geschichte beider Städte in der Melodie von „Losing My Religion" lebendig und berührt die Herzen vieler Menschen, während die großen Träume von Käpt`n Einauge und Mary K. in der Musik weiterklingen.

Losing My Religion
Song: Peter Buck / Michael Mills / William Berry / Michael Stipe

Das Leben ist viel größer
Es übersteigt dich
Und du bist nicht ich
Die Anstrengungen, die ich unternehmen möchte
Die Distanz in deinem Blick
Oh nein, ich habe zu viel gesagt
Ich habe es so eingerichtet
Ich stehe hier in der Ecke
Ich stehe im Rampenlicht
Verliere meinen Glauben
Ich versuche, mit dir Schritt zu halten
Aber ich bin mir nicht sicher, ob ich das schaffe
Ich dachte, ich hätte dein Lachen gehört
Ich dachte, ich hätte dich singen hören
Ich glaube, ich dachte, ich hätte gesehen,
wie du es versucht hast
Jedes Flüstern, jede wache Stunde
Ich wähle meine Geständnisse
Ich versuche, auf dich zu achten
Wie ein verletzter, verlorener Narr
Betrachte das
Sieh es als einen Hinweis für die Ewigkeit
Betrachte es als einen Ausrutscher
Das hat mich in die Knie gezwungen, hat mich besiegt
Was wäre, wenn all diese Träume wahr werden?
Ich dachte, ich hätte dein Lachen gehört
Ich dachte, ich hätte dich singen hören
Ich glaube, ich dachte, ich hätte gesehen,
wie du es versucht hast
Aber das war nur ein Traum
Ich stehe hier in der Ecke

148

Ich stehe im Rampenlicht
Verliere meinen Glauben
Ich versuche, mit dir Schritt zu halten
Aber ich bin mir nicht sicher, ob ich das schaffe
Vielleicht habe ich nicht genug gesagt
Ich dachte, ich hätte dein Lachen gehört
Ich dachte, ich hätte dich singen hören
Ich glaube, ich dachte, ich hätte gesehen, wie du es
versucht hast
Aber das war nur ein Traum
Versuche es, weine, fliege, versuche es
Es war nur ein Traum
Einfach ein Traum.

When Doves Cry

Käpt'n Einauge hatte schon immer eine besondere Verbindung zur Natur. Eines Nachts, als er in seinem Bett lag und die funkelnden Sterne durch sein Fenster betrachtete, hatte er einen bemerkenswerten Traum: Er verwandelte sich in eine Taube.
Die Verwandlung geschah abrupt. Plötzlich spürte er das sanfte Gewicht der Federn auf seiner Haut und das leise Flattern seiner Flügel. Von einem Dach aus betrachtete er die Stadt aus einer neuen Perspektive. Hoch oben sitzend, beobachtete er die Menschen, die geschäftig umher eilten, ohne den Blick nach oben zu richten. Es erfüllte ihn mit einem Gefühl der Freiheit, als er durch die Luft schwebte und den sanften Wind unter seinen Flügeln spürte.
Doch bald wurde Käpt'n Einauge bewusst, dass das Leben einer Taube mehr beinhaltete als nur Fliegen und Fressen. Er landete auf einem Bürgersteig, wo eine Gruppe von Tauben um einige Krümel kämpfte. Er beobachtete, wie eine dominante Taube ihre Nackenfedern aufplusterte und mit entschlossenem Blick die anderen Vögel einschüchterte. Dieses Verhalten faszinierte ihn; es war ein Kampf um Macht und Überleben, der oft in heftigem Gerangel endete. Der dominante Vogel schnappte nach dem Schnabel eines anderen, während die Flügel wild schlugen.
In diesem Augenblick erkannte Käpt'n Einauge die Intelligenz der Tauben. Sie waren nicht nur einfache Vögel, die nach Futter suchten, sondern clever, anpassungsfähig und strategisch. Er sah, wie sie sich gegenseitig beobachteten, lernten, wann es sicher war zu fressen und wann sie sich zurückziehen sollten. Es war ein ständiges Spiel von Dominanz und Unterwerfung, das sowohl in der Luft als auch am Boden stattfand.
Käpt'n Einauge fühlte sich plötzlich als Teil dieser dynamischen Welt. Er war nicht nur ein Zuschauer, sondern ein aktiver Teilnehmer in diesem faszinierenden Spiel. Er kämpfte um sein Futter, blähte seine Federn auf und stellte sich den anderen

Tauben entgegen, als wäre es das Selbstverständlichste auf der Welt. Dieses Erlebnis war sowohl aufregend als auch beängstigend. Während er sich jedoch in diesen Konflikten befand, wurde ihm auch bewusst, dass die Tauben eine Gemeinschaft bildeten. Sie unterstützten sich gegenseitig in schwierigen Zeiten und fanden stets Wege, gemeinsam zu überleben. Käpt'n Einauge spürte eine tiefe Verbundenheit mit seinen Artgenossen, die über den bloßen Kampf um Futter hinausging.

Als der Traum schließlich verblasste und er wieder in seinem Bett aufwachte, war Käpt'n Einauge von dieser Erfahrung tief berührt. Er hatte die Welt der Tauben nicht nur aus der Perspektive eines Menschen gesehen, sondern sie mit ihren eigenen Augen erlebt. Nun war ihm klar, dass diese scheinbar gewöhnlichen Vögel eine bemerkenswerte Intelligenz und soziale Struktur besaßen.

Von diesem Tag an betrachtete Käpt'n Einauge die Tauben mit anderen Augen. Und er erkannte das Werk von Prince: When Doves Cry.

**When Doves Cry**

Song von Prince

Nimm dir das Bild von uns, auf dem wir uns küssen,
wenn du möchtest. Dein faszinierender Körper zieht
mich magisch an. Kannst du dir das vorstellen?
Stell dir einen Innenhof vor, ein weites Meer aus
blühenden Veilchen. Tiere stehen in ungewöhnlichen
Posen und spüren die Anziehung zwischen uns.
Wie kannst du mich in dieser kalten Welt einfach
verlassen? Vielleicht erwarte ich zu viel oder bin mutig
wie mein Vater. Vielleicht erinnerst du mich an meine
Mutter, die nie zufrieden ist. Warum streiten wir so
oft? Es klingt, als würden Tauben weinen.
Berühre meinen Bauch, wenn du magst, und spüre
das Zittern. Du hast alle Schmetterlinge gefangen.
Lass es nicht so weit kommen, dass ich dich jagen
muss; selbst Tauben haben ihren Stolz.

Running Up That Hill

Käpt'n Einauge saß auf einer Bank und hielt eine Flasche Rum in der Hand. Um ihn herum summte das geschäftige Treiben des Marktes, während Düfte von Gewürzen und frisch gebrühtem Kaffee in der Luft hingen und die Stimmen der Verkäufer, die ihre Waren anpriesen, das Geschehen begleiteten. Doch in seinem Kopf kreisten Gedanken, die weit über die lebendige Atmosphäre hinausgingen.

Er hatte vor Kurzem von einer alten Legende gehört – der Geschichte eines Mannes, der einen Pakt mit Gott geschlossen hatte, um sein Leben mit dem eines anderen zu tauschen. Diese Erzählungen, die in den Gassen des Ostens verbreitet wurden, stammten oft aus einem Bazar voller Wunder und Geheimnisse.

Käpt'n Einauge war unsicher, ob er solchen Geschichten Glauben schenken sollte oder ob sie bloße Fiktion zur Unterhaltung der Menschen waren. „Was, wenn es wahr ist?", murmelte er leise. „Kann man wirklich mit Gott verhandeln?"

Diese Frage beschäftigte ihn sehr. Kam ihm sein eigenes Leben nicht manchmal wie ein unvollendetes Werk vor? Und was wäre, wenn er die Chance hätte, das Leben eines anderen zu leben – eines, das womöglich erfüllter oder spannender als seins war? Ein Leben, in dem er seine Träume verwirklichen und seine Ängste besiegen könnte?

Käpt'n Einauge dachte an seine Freunde, an die Kämpfe, die sie führten. Er dachte an Ronaldo, der gegen seine eigenen Dämonen ankämpfte, und an all die Male, in denen er sich gewünscht hatte, ihm helfen zu können. „Was wäre, wenn ich für einen Tag Ronaldos Leben leben könnte? Was würde ich erfahren? Was würde ich empfinden?"

Doch welcher Preis wäre für so einen Pakt zu zahlen? Hätte er das Recht, das Leben eines anderen zu übernehmen, nur um seine eigenen Wünsche zu erfüllen? Er erinnerte sich an seine Gebete in schweren Zeiten. Hatten sie Wirkung gezeigt? Hatte er je wirklich an die Kraft des Glaubens geglaubt, oder war es lediglich ein verzweifelter Versuch gewesen, die Kontrolle über eine unberechenbare Welt zu gewinnen?

„Glaubst du, dass Gebete etwas bewirken?", fragte er plötzlich die Kellnerin, die an seinem Tisch vorbeiging. Sie hielt an und sah ihn an, als könnte sie seine Gedanken lesen.

„Das hängt davon ab, wer fragt und was er erhofft", antwortete sie lächelnd. „Manchmal geht es weniger um das Gebet selbst, sondern um die Intention dahinter. Wenn du um etwas bittest, das dir wirklich wichtig ist, und bereit bist, dafür zu kämpfen, kann sich dein Leben auf eine Weise verändern, die du dir nie hättest vorstellen können."

Käpt'n Einauge nickte nachdenklich. Vielleicht war der echte Pakt nicht der mit Gott, sondern der mit sich selbst. Ein Versprechen, aktiv an seinem Leben zu arbeiten, anstatt es passiv dem Schicksal zu überlassen. Es könnte an der Zeit sein, die Verantwortung für sein eigenes Glück zu übernehmen und die gewünschten Veränderungen selbst herbeizuführen.

Seine Gedanken über einen imaginären Deal mit Gott führten ihn zu einer tiefen Reflexion über Verantwortung, Hoffnung und Veränderung. Käpt'n Einauge erkannte, dass er nicht einfach das Leben eines anderen übernehmen konnte, um seine Probleme zu lösen. Stattdessen musste er lernen, seine eigenen Herausforderungen zu akzeptieren und daran zu wachsen.

Er atmete tief ein, fühlte sich ermutigt und entschlossen. Vielleicht war es an der Zeit, im eigenen Leben den nächsten Schritt zu wagen, ohne auf einen Pakt zu warten, der ihn von seinen Schwierigkeiten befreien würde. Und vielleicht, nur vielleicht, würde er dadurch auch zu dem Menschen werden, der er immer sein wollte.

154

 **Running Up That Hill**
Song von: Kate Bush

Es tut mir nicht weh.
Möchtest du wissen, wie es sich anfühlt?
Möchtest du verstehen, dass ich nicht verletzt bin?
Willst du von meinem Vorschlag hören, der uns beide betrifft?
Wenn es möglich wäre,
wäre ich bereit, mit Gott einen Pakt einzugehen
und ihn zu bitten, unsere Plätze zu tauschen.
Ich würde die Straße entlang rennen,
den Berg hinauf und in das Gebäude.
Wenn ich nur könnte...
Du willst mir nicht wehtun,
aber schau, wie tief die Wunde sitzt.
Unbewusst verletze ich dich,
in unseren Herzen brodelt es.
Gibt es wirklich so viel Hass gegen die Menschen, die wir lieben?
Sag mir, wir bedeuten uns doch etwas, oder?
Das sind wir,
wir wollen nicht unglücklich sein.
Wenn es nur möglich wäre,
würde ich mit Gott einen Pakt schließen
und ihn bitten, unsere Plätze zu tauschen.
Ich würde die Straße entlang rennen,
den Berg hinauf, ganz ohne Probleme.
Oh, wenn ich das nur könnte...
Das sind wir,
wir möchten nicht unglücklich sein.
Komm her, Baby, komm her, Schatz.
Verschenke mir diesen Moment.
Komm her, Engel, komm her, komm her, Schatz.
Lass uns unsere Erlebnisse teilen.
Wenn ich nur könnte,

würde ich mit Gott einen Pakt schließen
und ihn bitten, unsere Plätze zu tauschen.
Ich würde die Straße entlang rennen,
den Berg hinauf, ohne Schwierigkeiten.
Sieh mal, wenn es nur möglich wäre,
würde ich mit Gott einen Pakt schließen
und ihn bitten, unsere Plätze zu tauschen.
Ich würde die Straße entlang rennen,
den Berg hinauf, ganz ohne Probleme.
Deshalb, wenn es nur möglich wäre,
würde ich mit Gott einen Pakt schließen,
um unsere Plätze zu tauschen.
Ich würde die Straße entlang rennen,
den Berg hinauf, ohne Sorgen.
Wenn ich nur könnte,
würde ich den Berg hinaufrennen.

Und wir werden Menschen genannt

Käpt'n Einauge lebte einige Monate nahe Sherwood
Forest bei Nottingham in England. Es war ein kleines
Dorf in einer regnerischen Gegend, umgeben von
dichten Wäldern. Dort lebten zwei Gruppen von
Menschen, die nie miteinander in Kontakt traten. Auf
der einen Seite befanden sich alte, verfallene Häuser,
in denen die Senioren wohnten. Ihre Gesichter waren
von der Zeit gezeichnet, und in ihren Augen war das
Licht der Freude verloren gegangen. Sie lebten in
Einsamkeit und hofften vergeblich auf Besuche von
ihren Kindern, die in der Stadt lebten und mit ihrem
eigenen Leben beschäftigt waren.
Auf der anderen Seite des Dorfes waren die Kinder,
die in einem Waisenhaus untergebracht waren. Ihre
Tage waren von Langeweile und Traurigkeit geprägt.
Im kleinen Garten, umgeben von hohen Zäunen,
spielten sie und ihre Lacher hallten oft einsam durch
die Luft. Sie träumten von einem liebevollen Zuhause
und Eltern, die sie umarmten, sowie von einem Leben
voller Wärme und Geborgenheit.
Eines Tages, als der Regen stark fiel, bemerkte ein
kleiner Junge namens Harry einen alten Mann im
Park, der den fallenden Tropfen zusah. Der Mann,
Herr Mitchel, war einst voller Leben gewesen, doch
die Einsamkeit hatte ihn getroffen. Vorsichtig näherte
sich Harry ihm und setzte sich neben ihn. „Warum bist
du so traurig?" fragte er mit kindlicher Unschuld.
Herr Mitchel sah den Jungen an und spürte einen
Funken in seinem Herzen aufblitzen. „Ich warte auf
meine Kinder", antwortete er leise. „Doch sie kommen
nie."
Harry nickte verständnisvoll. „Ich habe keine Eltern.
Aber ich träume davon, dass eines Tages jemand
kommt und mich mit nach Hause nimmt."
In diesem Moment entstand eine besondere
Verbindung zwischen den beiden, die beide
Einsamkeit erlebten. Sie begannen, sich regelmäßig
zu treffen. Harry brachte Herrn Mitchel zum Lachen,
und der alte Mann erzählte ihm Geschichten aus

seiner Jugend, die Harry mit leuchtenden Augen hörte.

Doch die Zeit verstrich. Herr Mitchel wurde schwächer, und eines Tages konnte er nicht mehr in den Park gehen. Harry besuchte ihn in seinem Hause, das von Staub und Stille umgeben war. „Ich bin hier", flüsterte der Junge und hielt die Hand des alten Mannes. „Du bist nicht allein."

Eines Morgens, als die ersten Sonnenstrahlen durch die Wolken schienen, ist Harry Herrn Mitchel friedlich für immer eingeschlafen. . Die Traurigkeit, die sie beide so lange getragen hatten, war mit ihm gegangen. Harry weinte, doch in seinem Herzen wusste er, dass er etwas Besonderes mit dem alten Mann geteilt hatte – eine Liebe, die die Einsamkeit überwunden hatte.

Nach der Beerdigung von Herrn Mitchel fühlte sich Harry erneut allein, doch die Erinnerung an ihre Freundschaft blieb in seinem Herzen. Er beschloss, sein Leben zu verändern und begann, auch andere ältere Menschen im Dorf zu besuchen, um ihnen zuzuhören und ihnen ein Lächeln ins Gesicht zu zaubern.

So wurden die einst vergessenen Herzen im Dorf wieder lebendig. Die Kinder und die älteren Menschen fanden Trost und Freude in der neu entstandenen Gemeinschaft.

**Und wir werden Menschen genannt**
Song von Kostas Chatzis und Liana Bitsori

Wenn ich das immense Leid
der Welt ertragen könnte,
würde ich tausend traurige Lieder schreiben.
Ich würde die Lieder, die ich mit Liebe,
Hoffnung und Freude verfasst habe, auslöschen.
Also sagte ich mir, ich würde für immer aufhören zu
schreiben. Ein Lied, das anders ist, wenn ich nicht
schreibe. So begann ich eines Morgens, nach dem
Schmerz und dem Leid im Leben zu suchen.
Ich lief und lief und lief, bis ich an einen Punkt
gelangte, an dem ich sah, was ich ausdrücken wollte:
Das Kinderzimmer der Hoffnung. Dort bringen
anonyme Eltern ihre Babys hin. Wenn diese eines
Tages ins Leben treten, sind sie Kinder ohne Träume,
voller Falten und traurigen Augen. Wir haben unsere
Gesellschaft falsch gestaltet. Unsere Herzen und
Köpfe sind erfüllt von Dunkelheit und Angst, während
wir im Kuckucksnest nach der Tür zum Himmel
suchen. Und als Mensch, wie kann ich die Welt
verändern, wenn ich auch zerstöre, was wir aufbauen
wollen? Und dennoch begann ich eines Morgens
erneut, nach dem Schmerz und dem Leid im Leben zu
suchen. Ich lief und lief und kam an einen Punkt,
an dem ich sah, was ich ausdrücken sollte: Das
Pflegeheim Hoffnung, wo liebevolle Kinder ihre Eltern
zurücklassen, nur weil diese viele Jahre gelebt haben.
Die Kinder und Enkel scheinen sie zu vergessen,
alte Männer, gefüllt mit Träumen, voller Falten
und traurigen Augen. Wenn ich das immense Leid der
Welt ertragen könnte, würde ich tausend traurige
Lieder schreiben.
Ich würde die Lieder, die ich mit Liebe,
Hoffnung und Freude verfasst habe, auslöschen

Me & Bobby McGee
Inspiration Helga P.

Käpt'n Einauge saß in seinem kleinen Tonstudio, umgeben von abblätternden Wänden und dem Geruch alter Schallplatten. Die Sonne strahlte durch das Fenster. Sein Freund Kris Kristofferson kam gerade herein, mit einem Gitarrenkoffer in der Hand und einem Lächeln im Gesicht. „Was hast du dir diesmal ausgedacht, Käpt'n?" fragte Kris neugierig.
Käpt'n Einauge kratzte sich am Kopf, sein einziges Auge funkelte geheimnisvoll. „Ich habe eine Idee für einen Song, Kris. Es handelt von einem Paar, das getrennte Wege geht. Er lässt seine Partnerin Bobby zurück, irgendwo in der Nähe von Salinas."
Kris nickte, während er seine Gitarre stimmte. „Das klingt vielversprechend. Was steckt hinter der Geschichte?"
Der Käpt'n lehnte sich zurück und begann zu erzählen. „Bobby war die Liebe meines Lebens. Sie war wild und frei, genau wie ich. Eigentlich hieß sie Barbara, aber alle nannten sie Bobby. Doch irgendwann bemerkte ich, dass sie mehr vom Leben wollte, als ständig auf der Straße zu sein. Eines Nachts, als der Mond über den Hügeln aufstieg, packte sie ihre Sachen und sagte, sie müsse gehen. Ich sah zu, wie sie fortfuhr, und mir wurde bewusst, dass Freiheit oft auch Einsamkeit bedeutet."
Kris spielte einige Akkorde, und die Melodie formte sich allmählich. „Das ist tiefsinnig, Käpt'n. Freiheit kann sich anfühlen, als hätte man nichts mehr zu verlieren. Das ist eine schwere Erkenntnis."
Käpt'n Einauge nickte zustimmend. „Ja, ich dachte immer, Freiheit wäre das Größte. Aber wenn du niemanden hast, mit dem du diese Freiheit teilen kannst, wird sie schnell zur Last. Ich wollte, dass sie glücklich ist, auch wenn das bedeutete, sie loszulassen."
Sie arbeiteten an dem Song, und mit jedem Ton wurde die Melodie lebendiger. Käpt'n Einauge spürte, wie die Worte in ihm aufstiegen. „Ich will, dass die

Leute empfinden, was ich gefühlt habe. Diese
bittersüße Freiheit, die einen gleichzeitig befreit und
gefangen hält."
Die Stunden vergingen, und als die Sonne unterging,
war der Song vollendet. Sie nannten ihn
„Me & Bobby McGee". Es war eine Hommage an
Liebe und Verlust, an Freiheit und Einsamkeit.
Nachdem sie die letzte Note gespielt hatten, blickte
Käpt'n Einauge aus dem Fenster. Der Himmel war in
warme Farben getaucht, und er dachte an Bobby.
Vielleicht war sie irgendwo da draußen, auf der Suche
nach ihrem eigenen Glück. Gleichzeitig wusste er,
dass er seine Freiheit gefunden hatte – in der Musik
und den Erinnerungen, die niemals verblassen
würden.
„Lass uns das aufnehmen, Kris", sagte er mit einem
Lächeln. „Es ist an der Zeit, die Geschichte zu
erzählen."
Einige Jahre später trafen der Käpt'n und Kris beim
Dreh von "Alice lebt hier nicht mehr" erneut
aufeinander. Kris hatte neben Ellen Burstyn und
Harvey Keitel eine Hauptrolle übernommen. Der
Käpt'n war der Hauptkameramann von Martin
Scorsese.
Ursprünglich war vorgesehen, dass Diana Ross die
Rolle der Alice spielt, doch sie lehnte ab. Auch Barbra
Streisand entschied sich gegen die Rolle. Der Grund
dafür ist einfach: Beide Frauen hatten eine Affäre mit
dem mutigen Piraten und konnten es sich nicht
vorstellen, mit ihm zusammenzuarbeiten.

161

Me & Bobby McGee
Song von: Kris Kristofferson

In Baton Rouge war alles ziemlich chaotisch und wir wollten einfach nur weg. Wir fühlten uns so blass wie unsere Jeans. Kurz bevor der Regen einsetzte, hielt Bobby einen Lastwagen an, der uns den ganzen Weg nach New Orleans mitnehmen wollte.
Ich holte meine Mundharmonika aus meinem schmutzig-roten Halstuch, blies sanft hinein und Bobby sang dazu den Blues. Die Scheibenwischer bewegten sich im Takt, während ich Bobbys Hand hielt. Wir sangen all die Lieder, die man auf der Straße kennt.
Freiheit bedeutet, nichts zu verlieren zu haben. Nichts hat eine Bedeutung, wenn es nicht umsonst ist. Es war so einfach, sich gut zu fühlen, während Bobby den Blues sang, und dieses Gefühl war alles, was wir wollten – Bobby McGee und ich.
Von den Kohleminen in Kentucky bis zur Sonne Kaliforniens teilte Bobby all die Geheimnisse meiner Seele mit mir, unabhängig von Wetter und unseren Aktivitäten. „Hey Bobby! Halt mich warm!"
Eines Tages, in der Nähe von Salinas, verloren wir uns aus den Augen. Sie wollte ein Zuhause finden, und ich hoffte, dass sie es schafft. Doch heute würde ich meine gesamte Zukunft für nur einen einzigen Tag mit ihr in dieser Zeit geben, um sie noch einmal fest in die Arme zu schließen.
Freiheit bedeutet, nichts zu verlieren. Das ist alles, was mir von Bobby geblieben ist. Doch wir fühlten uns einfach gut, wenn sie den Blues sang, und das war damals vollkommen ausreichend – für mich und Bobby McGee.

An Innocent Man

Inspiration Sabine K.

In 216 W 238th St. New York befindet sich die Bar „Bronx Alehouse", die immer einen ganz eigenen Charme hat. Der Geruch von alten Zigarren hängt in der Luft, und man kann förmlich den Spirit der Stadt fühlen. Käpt'n Einauge, der alte Haudegen, saß jeden Abend am Klavier. Sein Gesicht war vom Leben und seinen Stürmen gezeichnet, mit Fältchen, die jede harte Nacht und jede gute Geschichte verrieten. Die Stammgäste kannten ihn gut, jeder hatte seine eigenen Anekdoten über den Käpt'n und die Nächte, die sie zusammen verbracht hatten.

Mit seinem melancholischen und witzigen Blick spielte er Lieder, die die Menschen tief berührten. Manchmal schien es, als würden seine Melodien direkt in die Seelen der Zuhörer sprechen. Eines Abends, während er eine Melodie anstimmte, stürmte plötzlich das FBI in die Bar. Die Gäste hielten den Atem an, einige hielten hastig ihre Biergläser fest, als die Agenten direkt auf ihn zuschossen. „Käpt'n Einauge, Sie sind verhaftet!", rief einer der Beamten mit einer Autorität, die niemand anzweifelte. Verwirrt und ängstlich schaute er auf, seine Hände immer noch über die Tasten gedrückt. „Was? Ich habe doch nichts angestellt!", rief er aus, seine Stimme zitterte vor Schock.

Der Beamte fuhr fort: „Sie sind verhaftet. Sie haben das Recht zu schweigen. Alles, was Sie sagen, kann und wird gegen Sie vor Gericht verwendet werden. Sie haben das Recht auf einen Anwalt. Wenn Sie sich keinen Anwalt leisten können, wird Ihnen einer zur Verfügung gestellt."

Die Verhaftung sorgte für ordentlich Aufregung, als die Agenten ihn abführten. Die Gespräche verwandelten sich in aufgeregtes Murmeln unter den Gästen, die immer noch versucht hatten zu begreifen, was gerade geschah. Es stellte sich heraus, dass Käpt'n Einauge dem berüchtigten Mafia-Boss Stefano W. verblüffend ähnlich sah – ein schrecklicher Zufall,

163

der ihn kurzzeitig hinter Gitter brachte und für ordentlich Gesprächsstoff sorgte.

Ein paar Tage später kam er zurück in die Bar – wieder frei und mit einem neuen Blick auf die Dinge. Dort saß ein neuer Pianist an seinem Platz: ein junger Kerl mit funkelnden Augen und einem breiten Lächeln, das die verschlafene Bar aufhellte. „Ich bin Billy Joel", sagte er mit einem frechen Grinsen. „Tut mir leid wegen deiner Verhaftung, aber ich hoffe, ich konnte dich gut vertreten!"

Käpt'n Einauge setzte sich neben ihn ans Klavier und erzählte von der verrückten Verwechslung, während die Gäste gespannt zuhören. „Ich bin unschuldig, wirklich!", rief er und schlug mit der Hand energisch auf die Tasten, was einige Gäste zum Lachen brachte. Billy schaute ihn an, und plötzlich hatte er eine brillante Idee.

„Lass uns was daraus machen!", sagte Billy begeistert und klatschte in die Hände. „Wie wäre es mit einem Lied?" Gemeinsam fingen sie an, eine Melodie zu entwickeln. Die Klaviertasten sprühten vor Energie, als sie ihre Gedanken und Emotionen in Musik verwandelten. „An Innocent Man", sangen sie im Duett, und die Melodie füllte die Bar mit einem Gefühl von Hoffnung und Freiheit, das in jeder Ecke spürbar war.

Die Gäste, die sich um das Klavier versammelt hatten, klatschten mit und sangen mit. Sie waren sofort in die Geschichte eingetaucht, die vor ihren Augen lebendig wurde. Käpt'n Einauge und Billy Joel hatten nicht nur ein Lied erschaffen, sondern auch eine Verbindung, vereint durch Musik und Missverständnisse.

Von diesem Abend an wurde die Bar nicht mehr nur als Ort der Melancholie gesehen, sondern als Raum voller Geschichten und Lieder über das Leben, die Freiheit und die Unschuld. Und Käpt'n Einauge, der Pianist mit einem Auge, wurde nicht nur für seine Musik bekannt, sondern auch für die herzergreifende Geschichte, die er zusammen mit Billy Joel geschrieben hatte. Das Bronx Alehouse wurde zu einem Treffpunkt für jeden. Al Pacino, der aus der

Bronx kommt, hat kurz darauf Billy Joel und Käpt'n Einauge zu einem runden Geburtstag eingeladen. Das Highlight des Abends war nicht nur der gemeinsame Auftritt von Billy und dem Käpt'n, sondern auch der Ehrengast Stefano W., der aufgrund eines juristischen Missgeschicks in seinem Prozess vor einigen Wochen freigesprochen wurde. Die Ähnlichkeit war echt beeindruckend! Stefano W. verließ wenig später die USA und ließ sich in der Nähe von Frankfurt nieder.

An Innocent Man
Song von Billy Joel

Einige Menschen halten sich von der Tür fern,
aus Angst, dass sie sich öffnet.
Sie hören eine Stimme draußen im Flur
und hoffen, dass sie einfach weitergeht.
Einige leben in der Angst vor Nähe
und fühlen sich wütend, weil sie verletzt wurden.
Sie wollen niemandem zuhören,
deshalb erzählt ihnen auch niemand eine Lüge.
Ich verstehe, dass du dich selbst schützen willst,
und dass du an jemand anderen denkst,
an jemanden, der dir wehgetan hat, aber ich kann das nicht ändern.
Ich möchte die Liebe wieder herstellen,

die du nie wirklich fühlen wolltest.
Ich bin nicht bereit, alles zu tun,
Ich bin ein unschuldiger Mann.
Einige sagen, sie werden niemals glauben
an ein weiteres Versprechen, das sie in der
Dunkelheit hören,
weil sie sich nur zu gut daran erinnern,
dass ihnen jemand das zuvor gesagt hat.
Einige Menschen schlafen jede Nacht allein,
anstatt einen Geliebten ins Bett zu nehmen.
Einige finden, dass es einfacher ist zu hassen,
als auf etwas zu warten.
Ich weiß, du willst nicht hören, was ich sage,
und ich weiß, du wirst dich abwenden.
Aber ich war schon dort und wenn ich überlebte,
kann ich dir helfen, am Leben zu bleiben.
Einige Menschen fliehen vor einem möglichen
Konflikt.
Andere glauben, sie könnten nie gewinnen.
Und selbst wenn ich diesen Kampf verlieren könnte,
bleibe ich ein unschuldiger Mann.
Ich bin ein unschuldiger Mann.

Mercedes Benz

Inspiration Helga P.

Es war ein Oktobertag im Jahr 1970, als Käpt'n Einauge in seinem Studio in San Francisco saß. Die Wände waren mit Plakaten berühmter Musiker geschmückt. Er dachte an seine gute Freundin Janis Joplin, die erst vor wenigen Tagen gestorben war. Der Verlust traf ihn tief, und die Erinnerungen an die gemeinsamen Abende, die Musik und ihre Träume wogen schwer auf seinem Herzen.

Janis war eine Revolutionärin, eine Stimme der Freiheit, die die Menschen durch ihre Musik und ihre Ausstrahlung berührt hatte. Sie war wild und ungezähmt und lebte im Hier und Jetzt. Käpt'n Einauge hatte sie in den farbenfrohen 60ern kennengelernt, und ihre Freundschaft war schnell gewachsen. Sie teilten Geschichten, Lieder und Träume, während sie durch die Straßen San Franciscos schlenderten und voller Leidenschaft aufs Leben waren. „Käpt'n, ich möchte, dass du mir bei etwas hilfst", hatte Janis einmal gesagt, als sie in einem kleinen Café saßen und Kaffee tranken. „Wenn ich mal gehe, möchte ich, dass meine Freunde einen letzten Grund zum Feiern haben. Ich will, dass sie sich an mich erinnern, nicht an die Trauer."

Nach ihrem Tod war es nun an der Zeit, ihr letztes Anliegen zu verwirklichen. Käpt'n Einauge hatte die Verantwortung, einige Freunde auszuwählen, die an ihrer Seebestattung teilnehmen sollten. Diese Liste hatte er mit großer Sorgfalt und Liebe erstellt. Janis hatte immer betont, dass die Menschen in ihrem Leben wichtiger seien als materielle Dinge, und so war es nur passend, dass sie ihr Erbe in die Hände ihrer engsten Familie legte.

Joplin wurde im Pierce Brothers Westwood Village Memorial Park and Mortuary in Los Angeles eingeäschert und ihre Asche aus einem Flugzeug in den Pazifischen Ozean gestreut. Joplins Testament stellte 2.500 Dollar für eine Party zu ihren Ehren zur Verfügung.

167

Die untergehende Sonne tauchte den Himmel in warmes Gold. Die versammelten Freunde, eine bunte Mischung aus Musikern, Künstlern und Träumern, kamen zusammen, um Janis zu feiern und ihr Leben zu würdigen.

„Mercedes Benz" erklang in der Luft, als Käpt'n Einauge die Gitarre spielte und die Menge mitsang. Der Song, den Janis kurz vor ihrem Tod aufgenommen hatte, war eine ironische Betrachtung des Konsumverhaltens und der Suche nach Glück.

Der Käpt'n fühlte, wie die Melodie seine Finger durchströmte und die Erinnerungen an ihre gemeinsamen Nächte lebendig wurden. „Man kann nicht kaufen, was man wirklich braucht", dachte er, während er spielte.

„Lasst uns auf Janis anstoßen!" rief Käpt'n Einauge, und die Menge jubelte.

Die Flaschen wurden geöffnet, und Lachen sowie Musik erfüllten die Nacht. Die Freunde tranken, sangen und erzählten Geschichten über Janis. Sie erinnerten sich an ihre Lebensfreude, ihre Leidenschaft und ihren unermüdlichen Geist. „Sie wollte, dass wir feiern, nicht trauern", sagte der Käpt'n und hob sein Glas. „Auf Janis!"

Die Nacht verlief in einem Rausch aus Freude und Erinnerungen. Janis' letzte Worte waren eine klare Botschaft: kein Geld für Trauer, sondern für ein Fest des Lebens. Käpt'n Einauge fühlte sich erfüllt, als er die Gesichter seiner Freunde sah, die im Licht des Feuers strahlten.

Schließlich, als die ersten Sonnenstrahlen den Horizont erhellten, legte sich eine nachdenkliche Stille über die Gruppe. Käpt'n Einauge blickte aufs Wasser und dachte an Janis. Ihr Erbe lebte nicht nur in der Musik, sondern auch in den Herzen der Menschen, die sie geliebt hatten.

„Wir sind hier, weil wir dich geliebt haben, Janis", flüsterte er in den Wind. „Und wir werden deine Erinnerungen in unseren Herzen tragen, solange wir leben."

168

Mercedes Benz

Song von : Bob Neuwirth, Janis Joplin,
Michael Mcclure

Oh Herr,
würdest du mir bitte einen Mercedes Benz kaufen?
Alle meine Freunde fahren Porsche,
und ich möchte gerne mithalten.
Ich habe mein ganzes Leben lang hart gearbeitet,
ohne Unterstützung von meinen Freunden.
Also, oh Herr,
würdest du mir nicht einen Mercedes Benz schenken?

Oh Herr,
könntest du mir bitte einen Farbfernseher besorgen?
Täglich erwarte ich viele Dollars.
Jeden Tag warte ich bis 15 Uhr auf die Lieferung.
Also, oh Herr,
würdest du mir nicht einen Farbfernseher schenken?

Oh Herr,
könntest du mir bitte eine Nacht in der Stadt
ermöglichen?
Ich zähle auf dich,
Herr, bitte verlasse mich nicht.
Zeige mir deine Liebe und übernehme die nächste
Runde.
Oh Herr,
könntest du mir nicht eine Nacht in der Stadt
schenken?

Home again

Inspiration Kathrin R.

In einem kleinen Ort, der vom Verfassungsschutz als streng geheim angeordnet wurde, lebte ein Mann mit einem gefürchteten Namen in der Seefahrtsgeschichte: Käpt'n Einauge. Trotz seiner rauen Erscheinung war er der liebenswerteste Pirat der letzten vier Jahrhunderte. Er war von der Astrologie sehr angetan und so begann eine Freundschaft mit der brillante Pianistin Carole King. Agatha Franklin, bekannt für ihre außergewöhnlichen musikalischen Fähigkeiten, hatte die beiden einander vorgestellt. Sofort sprangen Funken zwischen ihnen, als hätten sie sich schon seit Jahrhunderten gekannt. Gemeinsam verbrachten sie Stunden unter dem weiten Himmel, träumend in der warmen Sommerbrise. Beide waren leidenschaftliche Sternenliebhaber und teilten eine unstillbare Neugier für das Unbekannte. An einem dieser magischen Abende entdeckten sie den alten Schwarz-Weiß-Film "Die Frau im Mond" von Fritz Lang. Begeistert von der Bauart und dem gewagten Traum der Raumfahrt beschlossen sie, ihren eigenen Traum zu verwirklichen: eine Rakete zu bauen und zum Mond zu fliegen, wie die Protagonisten des Films. Die Nachricht über ihr Vorhaben verbreitete sich schnell in der Stadt, und die beiden wurden die „verrückten Sternenbauer" genannt. Doch sie ließen sich nicht entmutigen. Mit Käpt'n Einauges Erfahrung in der Navigation und Caroles künstlerischer Kreativität begannen sie, ihre Reise zu planen. Nach Monaten harter Arbeit und unterstützt von einer bunten Gruppe Abenteuerlustiger bauten sie schließlich eine beeindruckende Rakete, die sie „Sternenflieger" tauften. Der große Tag kam, und die Menschen versammelten sich, um ihnen beim Abschied zuzusehen. Der Countdown begann, und als die Rakete abhob, schien der Himmel selbst für sie zu applaudieren. Der Flug verlief relativ reibungslos, und bald waren Käpt'n

Einauge und Carole im unendlichen Raum. Die Sterne funkelten und ihre Herzen schlugen im Einklang mit dem Universum.

Die Landung auf dem Mond stellte sich jedoch als eine ganz andere Herausforderung dar. Ein unerwarteter Meteoritenschauer überraschte sie. Die Rakete geriet ins Trudeln, und es gelang ihnen nur mühsam, sanft zu landen. Als sie aus der Kabine stiegen, waren sie schockiert von der fremden und faszinierenden Mondoberfläche, während die Technik ihrer Rakete stark beschädigt war.

Eingeschlossen auf dem Mond mussten sie improvisieren, um eine Rückkehr zu ermöglichen. In der Einsamkeit und Stille des Weltraums entstanden bei Carole die Gedanken zu einem neuen Lied. Die Schrecken und Herausforderungen ihrer Landung inspirierten sie, einen Song zu schreiben, der Hoffnung, Abenteuerlust und die Ungewissheit des Lebens thematisierte. Sie nannten ihn „Auf Geheime Flügel".

Nach vielen Wochen, die sowohl traumhaft als auch traumatisch waren, schafften sie es, ein Notfallkommunikationssystem zu reparieren. Die Vorahnung des Käpt'n, genügend Proviant mitzunehmen, war ihre Rettung. Er hatte zwanzig Großpackungen Fischstäbchen mit eingepackt und zehn Becher Kartoffelsalat, ohne Mayonnaise, versteht sich. Der Raumfahrthafen auf der Erde hatte nie die Hoffnung aufgegeben, und schließlich gelang ihnen die Rückkehr. Als sie wieder festen Boden unter den Füßen hatten, waren sie nicht mehr dieselben Menschen wie zuvor. Ihr Abenteuer hatte sie gewandelt und ihre Seelen bereichert.

Ein halbes Jahr später, zurück in den Musikstudios, war es an der Zeit, ihren gemeinsam geschriebenen Song zu veröffentlichen. Umgeben von talentierten Musikern und dem fröhlichen Klang des Klaviers saßen Käpt'n Einauge und Carole King zusammen und ließen den Rhythmus ihres Abenteuers in eine Melodie verwandeln. Als die ersten Klänge erklangen, spürte jeder im Raum, dass sie etwas Besonderes

171

erschufen – etwas, das ihre Reise zum Mond und zurück für immer festhalten würde.

„Home again" wurde ein Hit und begeisterte Zuhörer weltweit. Es war nicht nur ein Lied über Reisen und Sterne, sondern auch ein Echo von Freundschaft, Mut und unerschütterlicher Entschlossenheit, die in jedem von uns schlummert. Käpt'n Einauge und Carole King bewiesen, dass selbst die wildesten Träume wahr werden können, wenn man den Mut hat, ihnen zu folgen.

Home again
Song von: Carole King

Manchmal frage ich mich, ob ich es jemals wieder nach Hause schaffen werde
Es ist so weit weg und außer Sichtweite
Ich brauche wirklich jemanden zum Reden, und niemand sonst
Weiß, wie man mich heute Nacht trösten kann

Schnee ist kalt, Regen ist nass
Schüttelt meine Seele bis ins Mark
Ich werde nicht glücklich sein, bis ich dich wieder allein sehe
Bis ich wieder zu Hause bin und mich richtig fühle

Schnee ist kalt, Regen ist nass
Schüttelt meine Seele bis ins Mark
Ich werde nicht glücklich sein,
bis ich dich wieder allein sehe
Bis ich wieder zu Hause bin und mich gut fühle
Bis ich wieder zu Hause bin und mich gut fühle
Ich will wieder zu Hause sein und mich gut fühlen

Fortnight

Inspiration Lena P.

Im Jahr 2600 v. Chr. war Ägypten ein schillerndes Reich, in dem Pyramiden emporstiegen. Ok, das war 2600 v.Chr. Wir machen einen Sprung zu unserem Käpt'n Einauge der mit seinem scharfen Verstand in einer Welt, in der Musik und Kunst auf das Engste miteinander verwoben waren, lebte. Eine Frage ließ ihn nicht los: Gab es in jener Zeit des Pyramidenbaus wirklich Mammuts? Und was wäre, wenn diese prähistorischen Kreaturen die Chance gehabt hätten, ein Konzert zu besuchen – vielleicht sogar eines von Taylor Swift?

Käpt'n Einauge, bekannt für seine unermüdliche Neugier und seine Faszination für die Geschichte, entschloss sich, diesen Gedanken aufzugreifen.

„Wenn die Mammuts noch lebten, was wäre dann der perfekte Ort für sie, um die Klänge der Zukunft zu hören?", murmelte er, während er sich einen Plan machte.

Seine Recherche führte ihn weit über die Grenzen Ägyptens hinaus, über die weiten Felder und Wälder Europas, wo die letzten Mammutexemplare zwischen Bäumen und Sträuchern umherstreiften. Der Gedanke daran, dass diese majestätischen Geschöpfe noch existierten, ließ Käpt'n Einauge nicht los. Was würden die Mammuts denken, fragte er sich, wenn sie Menschen um ein Lagerfeuer tanzen sehen würden?

Eines Morgens machte sich Käpt'n Einauge auf den Weg, ausgestattet mit einem kleinen Notizbuch, in dem er all seine Gedanken und Ideen festhielt. Er wollte herausfinden, was diese Mammuts wirklich fühlten und wie sie auf die Musik der Zukunft reagieren würden.

Nach einer langen Reise, die er mit Hilfe eines Hypnotiseurs antrat, begegnete er schließlich einer kleinen Gruppe von Mammuts. Sie standen friedlich auf einer Lichtung, ihre prächtigen, langen Stoßzähne funkelten in der Morgensonne. Käpt'n Einauge war fasziniert. „Was, wenn ich diesen Kreaturen Musik

173

beibringen könnte?" dachte er und begann, einige Lieder zu summen, die er ausgedacht hatte. Die Tiere schienen aufmerksam zuzuhören, als er die ersten Melodien anstimmte. „Oh Mammut, höre die Klänge, die durch unsere Zeit reisen", sang er. „Wir sind hier, um das Leben zu feiern, um zu tanzen und zu singen!" Er begann: *Da draußen zum Wald,*
wo die Maiglöckchen blüh'n,
wo das Hifthorn erschallt
durch das schwellende Grün,
zu dem luftigen, duftigen, klingenden Reich,
wo die Nachtigall singt in dem Dämmergezweig;
o dahin laß uns ziehn,
Die Mammuts blieben neugierig, und als Käpt'n Einauge mit noch lebhafteren Melodien fortfuhr, bewegten sie ihre Ohren und wackelten mit den Köpfen. „Wenn ihr nur wüsstet, dass es irgendwann Konzerte geben wird, bei denen Menschen vor tausend Menschen singen!", rief Käpt'n Einauge und fantasierte davon, die Mammuts zu einem Konzert in der Zukunft mitzunehmen, um sie mit den Klängen von Taylor Swift zu erfreuen.
In jener Nacht, als die Sterne hell am Himmel leuchteten und die Stille des Waldes die Luft erfüllte, begann Käpt'n Einauge, einen wirklich besonderen Song zu schreiben – eine Ode an die Mammuts, die in die Pyramidenzeit und darüber hinaus reichte: Später, als der Morgen graute, entschied Käpt'n Einauge, dass er seine Melodie und seine Erinnerungen für immer bewahren wollte.
Zurück in Ägypten, als er auf die Pyramiden blickte, lächelte Käpt'n Einauge. „Manchmal ist das Leben wie eine Melodie: Man weiß nie, wen man damit erreichen kann", dachte er. Und so machte er sich daran, die Geschichten über Mammuts, Pyramiden und die längst vergessenen Klänge zu erzählen.

 **Fortnight**

Song von: Taylor Swift, Jack Michael Antonoff, Austin Richard Post

Ich sollte weggebracht werden, aber man hat
vergessen, mich abzuholen.
Ich war ein funktionierender Alkoholiker,
bis niemand meine neue Lebensweise bemerkte.
Das alles bedeutet: Ich hoffe, es geht dir gut.
Du bist der Grund dafür, und niemand hier ist schuld.
Aber was ist mit deinem heimlichen Verrat?

In den zwei Wochen, die wir zusammen waren,
schien es wie für immer.
Manchmal treffe ich dich zufällig
frage nach dem Wetter.
Jetzt bist du in meinem Hinterhof
und hast dich zu einem guten Nachbarn entwickelt.
Deine Frau gießt die Blumen,
und ich möchte sie töten.

Jeder meiner Morgen fühlt sich wie eine Montage an,
festgefahren in einem endlosen Februar.
Ich habe das Wundermittel „Weitergehen" ausprobiert,
aber die Wirkung war nur vorübergehend.
Ich liebe dich, und es macht mein Leben zur Hölle.
Ich habe dich nur für zwei Wochen berührt,
aber es war bedeutend.

In den zwei Wochen, die wir zusammen waren,
waren wir glücklich.
Manchmal treffe ich dich
und du kommentierst meinen Pullover.
Jetzt bist du am Briefkasten
und zu einem guten Nachbarn geworden,
während mein Mann mich betrügt.
Ich möchte ihn töten.

Ich liebe dich, und es macht mein Leben zur Hölle.
Ich habe darüber nachgedacht,
dich anzurufen, aber du gehst nicht ran.
Ich habe weitere zwei Wochen in Amerika verloren,
plane nach Florida umzuziehen,
kaufe das Auto, das du möchtest,
aber es springt nicht an, bis du mich berührst.

You Make Me Feel Brand New
Inspiration Kathrin R.

Die Hallen des Colleges waren vom Lachen der Studenten und dem Rascheln von Notizen erfüllt. In einem der vielen Bücherregale dieser Bildungseinrichtung, wo Wissen nur für diejenigen zugänglich war, die bereit waren, danach zu streben, stand Käpt'n Einauge. Seinen richtigen Namen, James, hatte er nie wirklich benutzt, da die meisten ihn nur so nannten. Seine wohlhabenden und einflussreichen Eltern setzten große Erwartungen in ihn. Er studierte Medizin, und der Druck, der mit diesem Erbe einherging, schien ihn oft wie ein Schatten zu begleiten.

An einem sonnigen Nachmittag fiel sein Blick auf Anna, die an einem Klavier saß. Sie war die Tochter griechischer Einwanderer, voller Lebensfreude und mit einem strahlenden Lächeln, das selbst die düstersten Gedanken vertreiben konnte. Während die anderen Studenten über Partys oder ihre Studienleistungen plauderten, war Anna in die Musik vertieft.

Käpt'n Einauge suchte nach einem speziellen Fachbuch für seine bevorstehende Prüfung. Dabei bemerkte er, wie sein Blick auf Anna fiel, die mit ihren Fingern über die Klaviertasten glitt. Fasziniert von ihrer Leichtigkeit kam er näher. „Darf ich mir das Buch ausleihen?", fragte er und zeigte ihr das medizinische Buch, das er ausgesucht hatte.

„Nur wenn du mir dafür die wichtigsten medizinischen Begriffe erklärst", erwiderte Anna mit einem herausfordernden Lächeln. So begann eine zarte Freundschaft, die von Musik und medizinischem Wissen geprägt war. Mit der Zeit spürten sie eine tiefere Verbindung, die über Sprache und Herkunft hinausging.

Die Monate vergingen, und aus ihrer Freundschaft wurde Liebe. Trotz ihrer unterschiedlichen sozialen Hintergründe – sie aus bescheidenen Verhältnissen, er aus einer wohlhabenden Familie – schlossen sie ein Versprechen. Anna träumte von einem Studium in Paris, während James seine eigene Identität fernab der Erwartungen seines Vaters zu finden versuchte. Sie heirateten in einer kleinen Kapelle, umgeben von Freunden und der Musik, die ihr Leben prägte. Die ersten Jahre ihrer Ehe waren herausfordernd. Sie lebten bescheiden, weit entfernt von dem Reichtum, der James früheres Leben bestimmt hatte. Anna arbeitete in einem Café und gab Klavierunterricht, während James in der Klinik tätig war, um seine Ausbildung abzuschließen. Ihr Leben war von einfachen Freuden geprägt – romantischen Nächten bei Kerzenlicht und gemeinsamen Musizierstunden, bei denen sie von Paris und ihrer Zukunft träumten. Doch das Glück wurde bitter getrübt, als Anna schwer erkrankte. Die Ärzte konnten keine klare Diagnose stellen, und die Monate vergingen voller Hoffnung und Verzweiflung. James sah zu, wie die Energie, die Anna so lange in ihre Musik investiert hatte, langsam schwand.

Die finanziellen Mittel für eine angemessene Behandlung schienen unerreichbar. In seiner Verzweiflung kämpfte James mit seinen Gefühlen. Sein bisheriger Stolz trat in den Hintergrund, als er beschloss, seinen Vater um Hilfe zu bitten. Er kontaktierte ihn und formulierte seinen Wunsch: Geld für Annas Therapie zu erhalten. Doch diese Bitte würde nur gewährt, wenn er ab sofort alle Vorstellungen seines Vaters befolgen würde.

Anna glaubte an die Kraft des Lebens und strahlte eine Stärke aus, die James oft überwältigte, obwohl sie sich der Dunkelheit näherte. Nach Wochen voller innerer Konflikte erhielt er schließlich die finanzielle Unterstützung. Voller Hoffnung freute er sich darauf, Anna in eine bessere Klinik zu bringen, auch wenn dies seine zukünftige Freiheit kosten würde.

Doch die Therapie kam zu spät. Anna starb in den Morgenstunden eines nebligen Mittwochs, mit einem Lächeln und den letzten Worten: „James, erinnere dich an die Musik. Sie wird uns immer verbinden." In diesem Moment zerbrach seine Welt.

Nach der Trauerfeier fand er sich in einem leeren Krankenhauszimmer wieder, allein mit seinen Gedanken. Immer noch in tiefer Trauer klopfte sein Vater an die Tür und trat ein. „James", begann er mit fester, besorgter Stimme, „wir müssen reden." James hörte seinem Vater zu, als dieser ihm erklärte, dass er nicht gekommen war, um Vorwürfe zu machen, sondern um zu verstehen, was aus ihm geworden war. „Du hast die Hilfe eingefordert, die ich dir angeboten habe, aber ich wusste nicht, dass es um Anna ging", gestand er. „Es tut mir leid," In diesem Moment realisierte James, dass er in der Suche nach Identität und Unabhängigkeit seine eigene Menschlichkeit verloren hatte. Er konnte weder die Vergangenheit noch die Gedanken eines Vaters für die Entscheidungen verantwortlich machen, die er selbst getroffen hatte. Mit einem gebrochenen Herzen und Tränen in den Augen, stand er auf und umarmte seinen Vater „Ich wollte kein Geld. Ich wollte nur eine Chance, Anna zu retten.

Der Schatten, der über ihrem Leben lag, schien schwer. James nahm sich vor, Annas Traum von Paris weiterzuführen – als Hommage an die Liebe, die sie geteilt hatten.

In den kommenden Monaten wollte er dort arbeiten, von wo sie einst gemeinsam geträumt hatten.

Anna würde nicht vergessen werden und der Käpt'n würde nach den Sternen greifen, vor dem Hintergrund ihrer Melodien, Mühen und ihrer niemals endenden Liebe.

Von dieser Geschichte inspiriert schrieb Steven Segal seinen Roman und später das Drehbuch zum Film Love Story.

179

 **You Make Me Feel Brand New**

Song von: Linda Creed, Thomas Randolph Bell

Du gibst mir ein völlig neues Gefühl
Meine Liebe! Ich werde nie die Worte finden,
meine Liebe, um Dir zu erklären, wie ich fühle,
meine Liebe.
Bloße Wörter können kostbare Liebe nicht
beschreiben.
Du hast mein Leben in deinen Händen gehalten.
Alles, was ich bin, hast du geschaffen.
Lehre mich, wie ich neu leben kann.
Nur du, hast mir beigestanden, wenn ich einen Freund
brauchte, der mit mir durch dick und dünn ging.
Dieses Lied ist für dich,
gefüllt mit Dankbarkeit und Liebe,
Gott schütze dich.
Du gibst mir ein völlig neues Gefühl.
Gott möge uns beide beschützen.
Du gibst mir ein völlig neues Gefühl.
Ich singe dieses Lied, denn
Du gibst mir ein völlig neues Gefühl.
Meine Liebe!
Wann immer ich unsicher war,
hast Du mich aufgebaut und gabst mir die Sicherheit.
Du gabst mir meinen Stolz zurück.
Kostbarer Freund,
in Dir habe ich immer einen Freund.
Du bist jemand, auf den ich mich verlassen kann,
einen Weg zu gehen, der niemals endet.
Ohne Dich, hat mein Leben keinen Sinn.
Wie Noten in einem Lied ohne Takt.
Wie kann ich erreichen,
dass Du wieder Vertrauen zu mir findest?

Caruso

Inspiration Sajjonara S.

Käpt'n Einauge saß an einem kleinen Tisch in Ennio Morricone's gemütlichem Studio.
Die Wände waren geschmückt mit Notenblättern und Erinnerungen vergangener Tage. Sein alter Freund, dieser Meister der Melodien, hatte ihn eingeladen, die vielen Klänge zu erleben, die an diesem Tag in der Luft lagen.
Als Lucio Dalla eintrat, war die Atmosphäre im Raum sofort elektrisiert. Der junge Musiker hatte mit seiner Energie und seinem Enthusiasmus die Fähigkeit, selbst die trübsten Seelen aufzuheitern. Die beiden Männer, der Pirat und der Sänger, schüttelten sich die Hände, und Käpt'n Einauge spürte sofort eine Verbindung. Lucio hatte etwas Besonderes an sich, eine Gabe, die in der Art und Weise lag, wie er die Gitarre umarmte.
Ennio ließ die beiden allein, er musste eine Rede schreiben, da er in wenigen Wochen einen Ehren-Oscar für sein Lebenswerk erhalten sollte.
„Ich habe ein neues Lied, Käpt'n", sagte Lucio schließlich, seine Augen funkelten vor Aufregung. „Es handelt von Liebe und Verlust. Es heißt 'Caruso'."
Käpt'n Einauge lehnte sich zurück, bereit, in die emotionale Welt einzutauchen, die ihm Lucio präsentieren würde. Als der Musiker die ersten Takte seiner Melodie anstimmte, fiel dem Käpt'n fast das Glasauge herunter. Der Klang war voller Leidenschaft, jeder Ton schien die Luft um sie herum zum Beben zu bringen.
Lucio sang über den großen Tenor Enrico Caruso.
Die ersten Worte waren schon voller Emotionen.
Käpt'n Einauge konnte die Bedeutung des Liedes schon im Voraus erahnen, und als die Erzählung Gestalt annahm, fühlte er, wie eine Welle von Intensität und Emotion in ihm aufstieg.
Der Text beschreibt einen Mann, der auf einer Terrasse steht und auf das Meer blickt. Nachdem seine Freundin geweint hat, umarmt er sie und

beginnt zu singen. Er drückt seine große Liebe zu ihr aus und vergleicht diese Liebe mit einer Flamme, die sein Herz erwärmt.

Die Musik erzählte von melancholischen Momenten, von Freude und Trauer, die Hand in Hand gingen. Käpt'n Einauge spürte, wie sein Herz schneller schlug, als Lucio mit aller Kraft sang: „Und wenn ich in deine grünen Augen sehe, fühle ich, als würde ich ertrinken."

Die Intensität dieser Worte, gepaart mit der Macht der Melodie, ließ den alten Piraten an die Liebe denken, die er einst gekannt hatte – leidenschaftlich und schmerzhaft zugleich. Er wusste, dass Liebe nicht immer ewig währt, aber sie bleibt immer lebendig in der Musik.

Als Lucio das Lied beendete und die letzten Töne verhallten, hielt Käpt'n Einauge den Atem an.

„Verdammtes Genie!" rief er aus, seine Stimme von Bewunderung durchdrungen. „Das wird ein Hit, mein Freund!"

Und tatsächlich, schon bald würde „Caruso" die Musikszene revolutionieren. Es war die Kraft der Liebe, der Schmerz und die Musik, die diese wunderbare Schöpfung ins Licht der Öffentlichkeit rückten. Käpt'n Einauge wusste, dass er an diesem Tag Zeuge von etwas Großem geworden war.

 **Caruso**

Song von Lucio Dalla

Hier, wo das Meer glänzt und der Wind weht,
auf der alten Terrasse am Golf von Surriento,
umarmt ein Mann ein Mädchen, nachdem er geweint
hat.
Dann räuspert er sich, und der Gesang beginnt von
neuem.
Ich liebe dich so sehr,
Es ist wie eine Kette, die das Blut in deinen Adern
zum Schmelzen bringt.
Er sah die Lichter mitten im Meer und dachte an die
Nächte in Amerika.
Doch es waren nur die Lampen und die weiße Spur
eines Propellers.
Er hörte den Schmerz in der Musik und stand vom
Klavier auf.
Als er jedoch sah, wie der Mond aus einer Wolke
schimmerte,
erschien ihm sogar der Tod süßer.
Er blickte dem Mädchen in die Augen,
in die grünen Augen, die dem Meer gleichen.
Plötzlich sprang eine Träne hervor, und er dachte, er
würde ertrinken.
Durch die Kraft der Lyrik, wo jedes Drama eine
Illusion ist,
kannst du mit ein wenig Make-up und Mimik jemand
ganz anderes werden.
Ja, es ist das Leben, das endet,
doch darüber dachte er nicht viel nach.
Tatsächlich fühlte er sich schon glücklich und begann
seine Reise erneut...
„Ich liebe dich. Ich liebe dich sehr."

Austin

Inspiration Lena P.

Die Sonne brannte heiß herab auf Disneyland in Kalifornien. Besucher strömten durch die Pforten, die Aufregung in der Luft war nahezu greifbar. Käpt'n Einauge, der berüchtigte Pirat der Musikszene, wurde für einen Auftritt eingeladen, der das Publikum in seinen Bann ziehen sollte. Doch während er im Kosmetikraum saß und darauf wartete, das grelle Scheinwerferlicht betreten zu dürfen, war ihm nicht bewusst, dass ihm ein unvergessliches Erlebnis bevorstand.

Der Maskenbildner war gerade dabei, ihm den letzten Schliff zu geben, als der Manager des Parks hereinkam. „Käpt'n, ich muss dir etwas sagen. Du musst im Vorprogramm auftreten. Die Hauptattraktion ist eine junge Frau namens Dasha."

Käpt'n Einauge runzelte die Stirn. So etwas hatte er nicht erwartet. Er war der Star, und jetzt sollte er in den Hintergrund treten? Unwillig schnaubte er und stieß die Bürste des Maskenbildners beiseite. „Was kann so ein junges Ding besser als ich?"

„Sie ist talentiert, glaub mir", antwortete der Manager, doch der Pirat war nicht davon überzeugt. Er lehnte sich zurück, schmollte einige Sekunden und dann entschloss er sich, nicht aufzutreten.

Kurze Zeit später betrat Dasha die Bühne. Kaum hatte das Publikum sie erblickt, verstummte das Gemurmel. Die junge Frau strahlte eine Energie und Lebensfreude aus, die selbst Käpt'n Einauge überraschte. Ihre Tanzbewegungen waren anmutig und dynamisch, ein perfekter Mix aus elegantem Ballett und lebhaftem Hip-Hop. Sie sang mit einer Stimme, die sowohl Kraft als auch Zerbrechlichkeit in sich trug.

Die Geschichte ihrer Lieder, gepaart mit der Leichtigkeit ihrer Präsenz auf der Bühne, eroberte die Herzen der Zuschauer im Sturm. Käpt'n Einauge wollte genauer hinsehen. Es war ihm nicht möglich, sich dem Charme dieser jungen Künstlerin zu entziehen. Er stellte fest, dass er sie immer mehr bewunderte.

Nach ihrem Auftritt kam Dasha in seine Garderobe, ein breites Lächeln auf ihrem Gesicht. „Hallo, Käpt'n! Ich habe so vieles von Ihnen auf YouTube gesehen. Schade, dass Sie kurzfristig krank wurden." Diese Ausrede hatte unser Käpt'n beim Manager verwendet.

„Hallo, Dasha", sagte er erleichtert, „Du hast hier wirklich großartige Arbeit geleistet. Das Publikum liebt dich."

Sie errötete ein wenig und sank sogleich in eine respektvolle Haltung. „Danke! Ich arbeite hart daran, meine Träume zu verwirklichen. Ich möchte eines Tages auf der größten Bühne der Welt stehen.

Sie waren stets ein Vorbild für mich."

Käpt'n Einauge konnte die Ambitionen in ihren Augen sehen. Sie war nicht nur ein weiteres Kind, das Spaß am Singen hatte, sie war eine künftige Legende, die im Entstehen war. „Was ist dein aktuelles Lied?" fragte er, sein Interesse war geweckt.

„Es heißt ‚Sommerträume'", antwortete Dasha, „es geht um das Verfolgen von Träumen und die Erinnerungen, die wir mit unseren Lieben sammeln." Mit einem Nicken forderte sie ihn auf, ihr zuzuhören. Sie begann zu singen, und die Melodie füllte den Raum. Ihre Stimme war hell und klar, und die Geschichte, die sie erzählte, zog den Käpt'n in ihren Bann. „Wir nehmen sie mit in die unendlichen Weiten der Nacht, träumen und lachen, bis der Morgen anbricht...", sang sie, und Käpt'n Einauge hörte die Leidenschaft, die hinter jedem Wort steckte.

Beim Refrain summte er leise mit.

Als sie geendet hatte, war er einfach sprachlos. Er sah sie direkt an. „Das wird ein Riesenhit, Dasha! Du wirst es weit bringen, ich bin mir sicher!"

Die Freude in ihrem Gesicht war unbeschreiblich.

„Echt? Glaubst du das wirklich?" fragte sie, als wäre es zu schön, um wahr zu sein.

„Ja, das tue ich. Aber du musst hart arbeiten und deine Leidenschaft nie verlieren. „Die Musik wird dich auf Deinem Weg leiten. Ich freue mich darauf zu sehen, wohin das Leben dich führt." Der Pirat und das Mädchen sprachen noch eine Weile miteinander, und es wurde deutlich, dass sie eine besondere Verbindung hatten, die über den Moment und die Bühne hinausging. Er war überzeugt, dass Dasha, wenn sie ihre Träume genau wie er verfolgen würde, zu einer großartigen Künstlerin heranwachsen könnte Die Tage und Wochen vergingen. Dasha blitzte wie ein Stern am Musikhimmel auf – Auftritte in Cafés und Weingütern, Wettbewerbe und unermüdliche Proben wurden Teil ihres Lebens. Käpt'n Einauge hielt mit ihr Kontakt und beobachtete, wie sie die Herausforderungen ihrer Karriere meisterte.

Als Dasha eines Abends ein Plattenlabel im Herzen von L.A. überzeugte und ihren ersten Vertrag unterschrieb, wusste sie, dass sie es geschafft hatte. Plötzlich stand sie da, genau wie Käpt'n Einauge einstmals. Sie sah in die Zukunft und lächelte – ein strahlendes Gefühl, wenn man an sein Ziel glaubt.

Ein Jahr später stieg Dasha als die Hauptattraktion auf die gleichen Bühnen, von denen sie geträumt hatte, und Käpt'n Einauge war stolz darauf, sich als ihr Mentor und Unterstützer bezeichnen zu können. Die beiden Künstler verbanden ihre Talente, um gemeinsam eine neue Generation von Musikern zu inspirieren.

Käpt'n Einauge wusste, dass er Dasha auf ihrem aufregenden Weg zur Größe geholfen hatte, und in der Zwischenzeit war er ein wenig von ihrer Energie und Leidenschaft infiziert worden, die ihn an die eigene Jugend erinnerte. In der Welt der Musik war es nie zu spät, Träume zu verwirklichen. Mit dieser tiefen Erkenntnis nahm der Pirat seine Gitarre und begann, neue Melodien zu schreiben, inspiriert von der jungen Frau, die die Herzen der Menschen erobert hatte.

 **Austin**

Song von: Dasha

Wir hatten einen Plan, und das war das einzige
Thema, über das wir in letzter Zeit gesprochen haben.
Wir wollten aus dieser Stadt weg, Richtung Westen,
zu den Sandstränden. Ich sollte das Auto packen mit
deiner Gitarre und ein bisschen Gras zum Rauchen.
Du wolltest die passenden Songs auswählen und
dann frühmorgens losfahren.
Doch du warst nicht zu Hause. Ich wartete auf der
Veranda auf dich und saß den ganzen Morgen da, bis
ich ein merkwürdiges Gefühl im Bauch hatte und
hinter dem Haus nachschaute.
Dort fand ich nur leere Dosen – und verdammtes
Pech, du hattest nie etwas gepackt!
Hatten deine Stiefel ihren Geist aufgegeben? Ist dein
Truck kaputt? Hast du dein Geld zum Fenster
rausgeworfen? Hat deine Ex es herausgefunden?
Wo ein Wille ist, ist auch ein Weg, und ich bin mir
sicher, dass du falsch abgebogen bist.
Du hast nicht einmal Auf Wiedersehen gesagt. Ich
wünschte, ich wüsste, was passiert ist. Floss der
Whiskey in Strömen? Gab es einen Streit? Bist du
einfach weggeflogen? Was ist deine Ausrede?
Ich mache mich auf den Weg zurück nach L.A., wo du
für immer vergessen sein wirst. In vierzig Jahren wirst
du immer noch betrunken und kaputt in Austin sein.
Du hast mich wirklich reingelegt, ich habe dir
geglaubt. Wie lange wusstest du schon, dass du
abhaust? Was ist schiefgelaufen? War es nur eine
schlechte Angewohnheit? Bist du zurückgegangen
oder einfach verrückt geworden? Und das Traurigste:
Ich habe dich geliebt!

Think Twice
Inspiration Sajjonara S.

Käpt'n Einauge saß an einem einsamen Tisch in einem kleinen Café am Wasser. Die Wellen plätscherten sanft, während die Sonne sich langsam dem Horizont näherte. Neben ihm saß Peter John Sinfield, der talentierte Songwriter, bekannt für seine poetischen Texte und eingängigen Melodien. Heute waren sie hier, um eine Ballade zu schreiben – eine eher traurige Ballade über die Unsicherheiten in einer scheiternden Beziehung.

Käpt'n Einauge rührte in seinem Glas, dachte nach und senkte den Blick. „Es fällt mir schwer", gestand er schließlich. „Ich verstehe, dass Liebe allein nicht ausreicht. Es braucht auch Anstrengung und Verständnis von beiden Seiten. Aber was, wenn das Gefühl nicht mehr da ist?"

Peter nickte. „Genau das sollten wir in die Ballade einfließen lassen. Die Sorgen und Zweifel, die einen immer wieder heimsuchen... die Fragen, die einem die Ruhe rauben. Jeder Moment wird zum Kampf, und man fragt sich, ob alles noch Sinn ergibt."

„Du hast recht", erwiderte Käpt'n Einauge und griff zu seinem Stift. „Lass uns mit einem eindringlichen Refrain beginnen, der diese Botschaft verstärkt."

Die beiden Männer begannen, ihre Gedanken und Gefühle in Worte zu fassen. Der Text entwickelte sich schnell. Sie prägen Zeilen wie „Denk zweimal, bevor du sprichst, bevor die Liebe zerbricht" und „Die Wahrheit erkennt man oft in den Worten, die wir nicht sagen". Es war eine eindringliche Anklage an die Selbstreflexion und die Notwendigkeit einer offenen Kommunikation. Sie wollten, dass der Hörer sich in den Worten wiederfindet und die Verletzlichkeit und die stolpernden Schritte einer Beziehung nachvollziehen konnte.

„Lass uns diese verletzlichen Momente einfangen", sagte Peter leidenschaftlich. „Die Dunkelheit, die in uns schleicht, und die Angst vor dem Unbekannten. Wir sollten auch das Verlangen nach Verständnis und

Klarheit einbringen. Es muss sich anfühlen, als wären wir dabei, in den Abgrund zu schauen, während wir gleichzeitig den Wunsch haben, die Liebe zu bewahren."

Käpt'n Einauge machte eine Pause und überlegte. „Und was ist mit den Erinnerungen an die schönen Zeiten? Wie wir alles gemeinsam aufgebaut haben? Dieses Gefühl vermisse ich... aber ich habe auch Angst, es zu verlieren."

„Genau das ist der Kern der Sache!", rief Peter begeistert. „Wir müssen den Kontrast zeigen. Die Frustration über die Ungewissheit, während gleichzeitig die Erinnerungen an die glücklichen Tage wie Schatten in unseren Köpfen herumschwirren."

Plötzlich fiel der Groschen. Käpt'n Einauge stellte sich die Frage, warum sie nicht eine bayrische Blasmusikgruppe für das Lied engagierten. „Wäre es nicht was ganz anderes, mit einer Blasmusik-Interpretation?"

Peter schüttelte den Kopf. „Das wird nicht funktionieren. Diese Thematik braucht eine klarere Stimme, etwas, das die Emotionen erfüllt."

Gerade in diesem Moment klingelte Käpt'n Einauges Handy. Es war Celine Dion, seine langjährige Freundin und Vocalistin mit einer Stimme, die Herzen eroberte. „Käpt'n! Ich habe gehört, dass du an einem neuen Lied arbeitest. Was für eine Geschichte steckt dahinter?"

Der Käpt'n erzählte ihr von dem Song und dem Thema – „Think Twice". Celine war sofort begeistert und bot an, es aufzunehmen. „Oh, das klingt so emotional. Ich kann dein Herz in diesen Worten hören. Lass mich dir helfen, es zum Leben zu erwecken."

Die Begeisterung der beiden Musiker schien die Luft zu erhellen. Gemeinsam mit Celine und Peters poetischem Talent entstand eine kraftvolle Melodie – eine Ballade, die den Schmerz und die Unsicherheit in einer scheiternden Beziehung verkörperte.

In den folgenden Tagen arbeiteten sie daran, den Text und die Musik auszufeilen, bis sie schließlich ins

189

Studio gingen, um die akustische Schönheit der Klänge einzufangen. Celine sang mit solcher Kraft und Emotion, dass jeder im Raum den Schmerz spüren konnte. Käpt'n Einauge und Peter lauschten gespannt, als sie die vollständige Aufnahme zum ersten Mal hörten. Es war eine berührende Ballade, die das Herz erwärmte. Als die Session zu Ende ging, waren sie sich einig: „Think Twice" war nicht nur ein Lied, sondern ein Aufruf zur Selbstreflexion, in der Verbindung zwischen den Partnern offen zu sein und an der Liebe festzuhalten, selbst wenn die Zeiten schwierig waren.

Monate später, als der Song veröffentlicht wurde und die Charts erklomm, wurden Käpt'n Einauge und Peter berühmt für ihr Werk. Die Botschaft von „Think Twice" fand ihren Weg in die Herzen und Seelen der Menschen. Es wurde eine Hymne für alle, die Ängste und Zweifel in Beziehungen durchleben mussten, ein Schritt in Richtung Verständnis und Klarheit.

So wurden Käpt'n Einauge und Peter John Sinfield nicht nur zu Freunden, sondern auch zu wichtigen Stimmen in der Musikszene für Liebe und Verletzlichkeit. Und während Celine Dion die Welt mit ihrer Musik begeisterte, hielten sie alle gemeinsam die Hoffnung für den Erhalt der Liebe in den Händen einer verletzlichen und rauchenden Welt, die verdiente, dass man zweimal nachdachte.

 **Think Twice**

Song von: Peter John Sinfield, Andy Hill

Denke nicht, dass ich nicht spüren kann,
wenn etwas nicht stimmt.
Du hast den schönsten Teil meines Lebens so lange
berührt.
Wenn ich in deine Augen schaue,
sehe ich ein fernes Licht,
und wir beide wissen, dass heute Nacht ein Sturm
aufzieht. Das ist sehr ernst.
Denkst du über dich oder über uns nach?
Sag nicht einfach, was du sagen möchtest.
Schau zurück, bevor du mein Leben verlässt.
Sei dir sicher, bevor du die Tür schließt und die
Entscheidung triffst.
Baby, überlege es dir gut.
Für unser Glück, für die Erinnerungen,
für das Feuer und die Treue, die wir hatten.
Ich weiß, es ist nicht leicht,
wenn deine Seele nach etwas Höherem strebt.
Wenn du unsicher bist, ist es immer nur die Hälfte.
Aber es ist ernst – sind deine Gedanken bei dir oder
bei uns?
Sag nicht, was du sagen möchtest.
Schau zurück, bevor du mein Leben verlässt.
Sei dir sicher, bevor du die Tür zuschlägst
und bevor du die Entscheidungen triffst. Baby,
überlege es dir gut.
Es ist ernst – denkst du an dich oder an uns?
Sag nicht, was du sagen möchtest, nein, nein, nein.
Tu nicht, was du tun möchtest.
Mein ganzes Leben hängt von dir ab.
Was immer nötig ist, ich werde mich opfern,
bevor du die Entscheidungen triffst.

Hallelujah

Käpt'n Einauge grinste, als er Leonard Cohen
entdeckte. Der berühmte Sänger und Songwriter hatte
eine Ausstrahlung, die sowohl bescheiden als auch
stark war. Trotz ihrer verschiedenen Hintergründe und
Glaubensrichtungen hatte das Schicksal sie an
diesem kalten Weihnachtsmorgen
zusammengebracht, um gemeinsam Gutes zu tun.
„Leonard, nie hätte ich gedacht, dich hier zu treffen!",
rief Käpt'n Einauge und schüttelte ihm die Hand. „Es
ist echt eine Ehre, mit dir zu arbeiten, um den Leuten
zu helfen."
Cohen nickte und lächelte herzlich. „Es freut mich,
Käpt'n Einauge. An Tagen wie diesen wird mir wieder
klar, wie wichtig es ist, unsere Unterschiede beiseite
zu schieben und uns auf die Menschlichkeit zu
konzentrieren."
Sie arbeiteten Hand in Hand, verteilten warme
Mahlzeiten und Kleidung an Bedürftige, während sie
plauderten und lachten. Ihre Gespräche drehten sich
nicht nur um die Herausforderungen des Lebens,
sondern auch um die Hoffnung und die Kraft der
Musik, die Menschen verbindet.
„Weißt du", begann Cohen, während er einem älteren
Mann eine Tüte mit Lebensmitteln reichte, „ich glaube
fest daran, dass Musik eine universelle Sprache ist.
Sie kann Brücken bauen, wo Worte versagen."
Käpt'n Einauge nickte zustimmend. „Ganz genau! An
einem Tag wie heute fühlt es sich an, als ob die Musik
uns alle vereint. Wir sind hier, um Liebe und Mitgefühl
zu verteilen, egal wo wir herkommen oder was wir
glauben."
Der ältere Mann lächelte dankbar, als er die Tüte
erhielt, und die beiden spürten, wie sie durch diesen
kleinen Akt der Freundlichkeit verbunden wurden. Es
war ein ruhiger Moment inmitten der oft harten
Realität des Lebens auf der Straße.
„Ich denke, der wahre Sinn von Weihnachten liegt
darin, dass wir uns gegenseitig helfen", sagte Käpt'n
Einauge nachdenklich. „Es geht nicht um Geschenke

oder Dekorationen, sondern darum, was wir füreinander tun können."

Leonard stimmte zu. „Ja, und ich glaube, dass wir durch unsere Taten einen Unterschied machen können, egal wie klein er erscheinen mag. Jeder Akt der Freundlichkeit zählt."

Als sie den letzten Bedürftigen bedienten und sich von den Menschen verabschiedeten, spürten sie, dass dieser Tag sie auf unerwartete Weise bereichert hatte. Sie hatten nicht nur anderen geholfen, sondern auch einen wertvollen Austausch zwischen ihren unterschiedlichen Perspektiven und Lebenserfahrungen erlebt.

„Vielleicht sollten wir eines Tages einen Song zusammenschreiben", schlug Käpt'n Einauge vor, während sie auf dem Rückweg waren. „Ein Lied, das die Botschaft von Hoffnung und Menschlichkeit verbreitet."

Leonard lächelte. „Das klingt nach einer großartigen Idee. Lass uns die Kraft der Musik nutzen, um die Herzen der Menschen zu erreichen." Und so nahm die Idee Gestalt an:

Hallelujah
Song von Leonard Cohen

Ich habe gehört, dass es einen geheimen Akkord gibt. David spielte, und Gott schätzte ihn sehr. Aber bist du wirklich so musikbegeistert? Das ist der Punkt: Eine Quarte, eine Quinte; dann einen Halbton nach unten für Moll und einen nach oben für Dur. So entsteht das 'Halleluja' des überraschten Königs.

Dein Glaube war stark, doch du hast nach weiteren Beweisen gesucht. Im Mondlicht hast du sie auf dem Dach entdeckt, was dich überwältigt hat. Doch sie ziehen dich an den Küchenstuhl, verwirren deine Überzeugungen und bringen dich schließlich dazu, 'Halleluja' zu rufen!

Falls es also einen Gott gibt: Selbst wenn alles, was du über die Liebe gelernt hast, darauf abzielt, einen Dritten auszuschließen, ist das, was du heute Abend hörst, kein Vergehen. Es ist kein glorreiches 'Halleluja', sondern eher ein frustrierter und angegriffener Ausdruck davon.

Du sagst, ich hätte einen respektlosen Namen verwendet, dabei kenne ich ihn nicht einmal richtig. Aber selbst wenn ich es täte, was würde das für dich bedeuten? Egal, welches Wort du verwendest: Das ehrfürchtige oder das lockere 'Halleluja' – es soll uns einfach zum Strahlen bringen.

Ich war schon einmal hier: Ich kenne diesen Raum und den Flur, den ich zuvor schon entlanggegangen bin. Weißt du, ich habe eine Zeit lang allein gelebt, bevor ich euch traf. Aber ich habe eure Flagge schon am Marmorbogen gesehen, und glaubt mir: Die Liebe ist kein kriegerischer Sieg. Sie ist oft ein ausgetrocknetes und manchmal einsames 'Halleluja'.

Es gab eine Zeit, da habt ihr mir alles über eure 'Tarnung' erzählt. Aber jetzt zeigt ihr euch nicht mehr, oder? Ich erinnere mich, als ich zu euch kam: Da schwebte die Friedenstaube umher, und jeder Atemzug war ein 'Halleluja'!

Ich habe mein Bestes gegeben, obwohl ich weiß, dass es nicht nach viel klingt. Ich konnte nicht wirklich spüren, dass meine Botschaft bei euch ankommt – also versuche ich jetzt, euch einen Hinweis zu geben. Ich habe aufrichtig die Wahrheit gesagt, denn ich bin nicht hier, um euch etwas vorzutäuschen. Aber selbst wenn alles schiefgeht, werde ich die Kraft des Gesangs feiern, und nichts anderes wird auf meinen Lippen sein als ein himmlisches 'Halleluja'.

Epilog 1

Käpt'n Einauge ist mehr als nur ein fiktiver Charakter; er repräsentiert eine lebendige Erweiterung meiner eigenen Persönlichkeit. Er verkörpert meine Abenteuerlust und motiviert mich, über das Gewöhnliche hinauszugehen. Bereit, die unerforschten Gewässer des Lebens zu erkunden. In seiner Welt gibt es keine festen Regeln oder unüberwindbaren Hindernisse. Käpt'n Einauge ist der Kapitän meines inneren Schiffs, das durch die stürmischen Meere der Kreativität segelt. In ihm finde ich die Freiheit, meine Gedanken und Ideen ungehindert fließen zu lassen. Er symbolisiert mein Verlangen nach einem Leben, das nicht durch Konventionen eingeschränkt ist.

Wenn ich von Käpt'n Einauge schreibe, entfalten sich bunte Geschichten, die es mir ermöglichen, die tiefsten Winkel meiner Fantasie zu erforschen. Diese Erzählungen sind oft leicht und unterhaltsam, bieten jedoch auch die Gelegenheit, komplexe Themen wie Identität, Verlust und Hoffnung nachdenklich zu beleuchten. Sein Humor erlaubt es mir, mit den Herausforderungen des Lebens kreativ umzugehen und sie in Erzählungen zu verwandeln, die sowohl amüsieren als auch zum Nachdenken anregen. Käpt'n Einauge ist nicht nur ein Rückzugsort, sondern auch ein kreatives Labor, in dem ich meine Gedanken und Gefühle klären kann. Er gibt mir die Freiheit, mit verschiedenen Ansichten zu experimentieren und tiefere Wahrheiten zu entdecken, die oft im Alltag verborgen bleiben.

Die Geschichten, die ich durch ihn erzähle, sind wie Schatzkarten, die mich zu den versteckten Schätzen meiner Seele führen. Jedes Abenteuer hilft mir, ein Stück mehr über mich selbst zu entdecken und zu verstehen. Käpt'n Einauge ist daher nicht nur ein Charakter, sondern ein Schlüssel zu den unendlichen Möglichkeiten meines kreativen Ausdrucks.

Epilog 2

In diesem Buch über Musiker und ihren bedeutenden Einfluss auf die Musiklandschaft möchte ich Ihnen einen Überblick über die reiche und vielfältige Welt der Musik geben. Die hier vorgestellten Künstler sind nur eine kleine Auswahl der vielen kreativen Köpfe, die die Musik geprägt haben.

Es war mir wichtig, einige herausragende Persönlichkeiten hervorzuheben, deren Werke und Ideen besonders bemerkenswert sind. Mir ist jedoch bewusst, dass viele bedeutende Musiker und Komponisten in diesem Buch nicht erwähnt werden. Die Musikgeschichte ist reichhaltig, und es gibt zahlreiche Talente, deren Beiträge und Innovationen Anerkennung verdienen.

Ich bitte um Ihr Verständnis, dass die Auswahl der Musiker und Themen in diesem Buch subjektiv ist und auf meinen persönlichen Vorlieben und Erfahrungen basiert. Jeder Leser hat seine eigenen Favoriten und Inspirationsquellen, und ich lade Sie ein, auch die Werke derjenigen zu entdecken, die hier nicht aufgeführt sind.

Musik ist ein fortwährender Dialog zwischen Künstlern und Publikum. Ich hoffe, dass diese Lektüre Sie anregt, über die Vielfalt und die unterschiedlichen Perspektiven in der Musik nachzudenken. Lassen Sie uns die Stimmen und Visionen feiern, die die Musik so lebendig und faszinierend machen.

Mir ist folgendes sehr wichtig: Die Liedtexte sind keine wortwörtlichen Übersetzungen, sondern spiegeln wider, wie ich die Lieder empfinde.

197

Niko Papadakis ist im Norden Griechenlands geboren und lebt seit seinem siebten Lebensjahr in Deutschland. Die Eltern haben kretische Wurzeln und je älter er wird, desto öfter bereist er mit seiner Frau die Insel. Seine große Liebe (außer der Familie) ist es, seine Gedanken und Vorstellungen niederzuschreiben. Mehrere Gedichtbände bzw. Kurzgeschichtenbände sind inzwischen veröffentlicht.

Bisher erschienen:

01 Jetzt und Immer
02 Ein übersprungener Tag
03 Verpasste Augenblicke
04 Träume töten ohne Warnung
05 Die Gesellschaft Deiner Seele
06 Ein Lächeln, das Dir wieder Leben
einflößt
07 Na sou po..... Geschichten aus
      Griechenland
08 Griechische Wurzeln
09 Käpt´n Einauge im Märchenland
10 Griechenland liegt im Hinterhof
11 Vier Tage Mytilini oder Das
      Bewusstsein der Ohnmacht
12 Gedichte 1995-2015
13 Kreta mit allen Sinnen
14 Kreta im Herzen
15 Gesichter Kretas
16 88 Stufen bis Griechenland
17 Kreta Gestern und heute
18 Kreta Klöster und Geheimnisse
19 Sommernächte auf Kreta
20 Nikos erzählt....